APAGANDO O INFERNO

FRANCIS CHAN
&
PRESTON SPRINKLE

APAGANDO O INFERNO

O QUE DEUS FALA SOBRE ETERNIDADE
E O QUE NÓS INVENTAMOS

Traduzido por EMIRSON JUSTINO

MC
mundocristão
São Paulo

Publicado originalmente por David C. Cook, Colorado, EUA

Os textos das referências bíblicas foram extraídos da Nova Versão Internacional (NVI), da Sociedade Bíblica Internacional, salvo indicação específica. Eventuais destaques nos textos bíblicos e citações em geral referem-se a grifos do autor.

Dados Internacionais de Catalogação na Publicação (CIP)
(Câmara Brasileira do Livro, SP, Brasil)

Chan, Francis

Apagando o inferno: o que Deus fala sobre eternidade e o que nós inventamos / Francis Chan e Preston Sprinkle; traduzido por Emirson Justino — São Paulo: Mundo Cristão, 2012.

Título original: Erasing Hell

1. Deus — Amor 2. Eternidade — Ensino bíblico 3. Vida cristã I. Sprinkle, Preston II. Título.

11–12716 CDD — 248.4

Índice para catálogo sistemático:
1. Vida espiritual: Cristianismo 248.4
Categoria: Inspiração

Publicado no Brasil com todos os direitos reservados por:
Editora Mundo Cristão
Rua Antônio Carlos Tacconi, 79, São Paulo, SP, Brasil, CEP 04810-020
Telefone: (11) 2127-4147
www.mundocristao.com.br

1ª edição: outubro de 2012
Impressão em sistema digital sob demanda

SUMÁRIO

PREFÁCIO

Escrevi este livro com meu amigo Preston. Requisitei sua ajuda porque ele é capaz de lidar com algumas questões em um nível mais profundo do que eu. Sua experiência em linguagem, história e Novo Testamento contribuiu grandemente em nossa tentativa de tornar este trabalho abrangente e preciso. Preston estudou o judaísmo do século 1 para seu doutorado e publicou muitos trabalhos nessa área. Achamos que essa seria uma boa parceria porque temos dons diferentes, mas convicções semelhantes. Durante o processo de criação deste livro, decidimos adotar apenas uma voz (a de Francis). Verdade seja dita, a maior parte da pesquisa foi feita por Preston.

Muito embora Preston e eu tenhamos escrito o livro, ele não poderia ter se completado sem a ajuda meticulosa de muitas pessoas de nossa comunidade. Em primeiro lugar, Mark Beuving contribuiu com muitas horas de edição, correção e reformulação de alguns trechos, com precisão e cuidado. Além disso, pessoas ligadas ao Eternity Bible College e à Cornerstone Church, em Simi Valley, separaram um tempo precioso para ler os primeiros manuscritos. Obrigado, Joshua,

Spencer, Yvonne, Todd e Matt. Seus comentários foram inestimáveis. Também solicitei a ajuda de muitos estudiosos, que esquadrinharam todo o livro, ou porções dele, para assegurar a solidez de minhas interpretações das Escrituras. Entre esses estudiosos, temos o dr. Timothy Gombis (Grand Rapids Theological Seminary), o dr. Tremper Longman III (Westmont College), o dr. Joseph Dodson (Ouachita Baptist University), o dr. Simon Gathercole (University of Cambridge) e o dr. Scott Hafemann (St. Andrews University). Embora não quisesse que esta obra se tornasse um livro "acadêmico", um assunto tão importante exigiu a maior cautela possível ao lidar com o texto bíblico. Portanto, sou grato a essas pessoas pela inspeção cuidadosa que o livro recebeu antes de ser impresso.

Contudo, por mais filtros humanos que tenhamos solicitado para purificar as palavras deste livro, ele ainda é falível. Por causa disso, incluímos muitas citações diretas das Escrituras. Leia os textos bíblicos que citamos como verdades vindas diretamente da boca de Deus. Pare e medite profundamente nesses versículos sempre que aparecerem. Essas palavras são, em última análise, o que Deus quer que você valorize e abrace.

INTRODUÇÃO

Se você está animado para ler este livro, então está com problemas.

Você consegue entender o peso daquilo que está prestes a estudar? Estamos explorando a possibilidade de terminarmos atormentados no inferno. *Animado* seria um termo errado para se usar aqui. *Necessitado* seria mais adequado.

Para alguns, esta discussão abrirá velhas feridas. Isso certamente acontece comigo.

O dia mais triste da minha vida foi aquele em que vi minha avó morrer. Quando a linha do monitor multiparâmetro ficou plana, eu surtei. Perdi totalmente o bom senso! De acordo com o que eu conhecia da Bíblia, minha avó estava destinada a uma vida de sofrimento eterno. Achei que ficaria louco. Nunca chorei tanto, e nunca mais quero me sentir daquele jeito de novo. Desde aquele dia, tenho me esforçado para não pensar naquilo. Já faz mais de vinte anos.

Sinto-me mal agora mesmo, enquanto escrevo este parágrafo. Adoraria apagar o inferno das páginas das Escrituras.

E você? Já se debateu com o inferno como eu? Tem pais, irmãos, primos ou amigos que, com base naquilo que você aprendeu, vão para o inferno? É um pensamento capaz de apertar o coração. Até pouco tempo, sempre que a ideia do inferno — e a noção de que pessoas queridas possam terminar lá — cruzava minha mente, eu a colocava de lado e desviava o pensamento para algo mais agradável. Embora sempre tenha acreditado intelectualmente no inferno, tentava evitar que a doutrina penetrasse meu coração.

Mas cheguei a um ponto em que não podia mais fazer isso. Não podia mais reconhecer o inferno com meus lábios ao mesmo tempo que impedia meu coração de sentir seu peso. Eu tinha de descobrir se a Bíblia de fato ensinou a existência de um inferno literal. Não seria ótimo se ela *não* ensinasse? Desse modo, eu conseguiria abraçar minha avó outra vez algum dia.

Diante disso, decidi escrever um livro sobre o inferno. E, para ser honesto, fiquei morrendo de medo.

Fiquei com medo porque há muita coisa em risco. Pense bem. Se eu disser que não há inferno e, no final, ficar provado que ele existe, posso levar pessoas exatamente para o lugar que as convenci de que não existe! Se disser que o inferno existe e estiver errado, posso persuadir pessoas a passar a vida toda advertindo freneticamente seus entes queridos a respeito de um lugar aterrorizante que não é real! Não podemos nos dar ao luxo de estar errados quando a questão é o inferno. Essa não é uma daquelas doutrinas que se pode ouvir falar superficialmente, dar de ombros e seguir em frente. Há muita coisa em risco. Muitas *pessoas* estão em risco. E a Bíblia tem muito a dizer.

Em quem devo acreditar?

Parte de mim não *quer* acreditar no inferno. E admito que tenho a tendência de ler nas Escrituras aquilo que quero encontrar. Talvez você também seja assim. Ciente disso, passei várias horas em jejum e oração para que Deus frustrasse meu desejo de distorcer as Escrituras a fim de ter gratificadas minhas preferências pessoais. Quero incentivá-lo a fazer o mesmo. Não creia em algo simplesmente porque quer, nem abrace uma ideia apenas porque sempre acreditou nela. Creia naquilo que é bíblico. Teste todas as suas concepções, tomando como parâmetro as preciosas palavras que Deus nos deu na Bíblia.

Há muitas coisas nas quais acreditei e que pratiquei durante anos e, depois de estudar a Bíblia com mais profundidade, acabei mudando de ideia. Aprendi que não há problema em confessar: "Acho que me enganei nisso aqui". Embora seja humilhante e difícil, é melhor do que continuar a crer em algo incorreto.

Por exemplo: fui "admitido" na igreja norte-americana quando as pessoas me incentivaram a fazer uma oração para "aceitar Jesus" de modo que eu não ardesse no inferno. Depois de anos levando outras pessoas pelo mesmo caminho, acabei mudando. Hoje prego contra essa ideia de simplesmente fazer a oração do seguro contra fogo. Na verdade, não a encontro em lugar nenhum das Escrituras.

Também ensinei que o Espírito Santo não mais nos outorgava poder para realizar feitos miraculosos porque estes "cessaram" muito tempo atrás. Durante anos, dissuadi as pessoas de buscar o sobrenatural. Depois de estudar mais as Escrituras, hoje creio que o Espírito pode curar o incurável, realizar o impossível e impulsionar os cristãos a fazer obras maiores que as de Jesus (Jo 14.12). E insisto com as pessoas para que creiam da mesma forma.

Distanciei-me das formas tradicionais de "igreja" em busca daquilo que creio ser mais bíblico. Não creio que Deus queira que nossa vida eclesiástica se resuma a templos e cultos. Em vez disso, Deus deseja que nossas igrejas — seja qual for a forma específica que nossas reuniões tenham — se concentrem em discipulado ativo, missões e na busca da unidade.

Em determinado momento, cheguei até a vender minha casa, pedir demissão do emprego e sair do país porque não queria que nenhum conforto me impedisse de buscar a Deus de todo o coração. Queria seguir por onde quer que ele me conduzisse.

Por que estou contando tudo isso?

Não vou me apegar à ideia de inferno simplesmente porque minha tradição prega que é nisso que devo crer. E você também não deveria.

É preciso ter o desejo intenso de abandonar o que é familiar em favor do que é verdadeiro. Nada além de Deus e sua verdade deve ser sagrado para nós. E isso vale para o inferno. Se o inferno é um tipo de mito primitivo que restou da tradição conservadora, então vamos deixá-lo naquela prateleira empoeirada ao lado de outras crenças tradicionais que não têm base bíblica. Mas se ele for verdadeiro, se a Bíblia de fato ensina que existe um inferno literal esperando pelos que não creem em Jesus, então essa realidade precisa nos transformar. Isso certamente deve limpar nossa alma de toda complacência.

À medida que arregaçamos as mangas e desbravamos o tópico do inferno, é importante que você não afaste o texto bíblico da realidade. Em outras palavras, não se esqueça de que a *doutrina* em estudo pode ser o *destino* de muitas pessoas. O inferno não deveria ser estudado sem orações e lágrimas.

Devemos prantear, orar e jejuar em relação a esse assunto, implorando a Deus que nos revele, por meio de sua Palavra, a verdade sobre o inferno. Porque não podemos estar errados em relação a isso.

Deixe Deus ser Deus

Porém, este livro, na verdade, é muito mais do que uma obra sobre o inferno. Ele fala sobre como abraçar um Deus que nem sempre é fácil de entender, e cujos caminhos estão muito além dos nossos; um Deus cujos pensamentos são muito mais altos que os nossos pensamentos; um Deus que, como soberano criador e sustentador de todas as coisas, tem todo o direito, como declara o salmista, de "fazer tudo o que lhe agrada" (Sl 115.3).

Deus tem o direito de fazer TUDO o que lhe agrada.

Se aprendi alguma coisa com o estudo sobre o inferno, foi essa última frase. E, no final, quer apoie quer não todas as coisas que digo sobre o inferno, você há de concordar com Salmos 115.3. Porque, no final das contas, nossos sentimentos e vontades, nossas angústias e desejos não são supremos. Só Deus é supremo. Ele nos fala claramente que seus caminhos e pensamentos são infinitamente mais altos que os nossos (Is 55.9). Portanto, espere ouvir as Escrituras dizerem coisas que não estão de acordo com sua maneira natural de pensar.

É por isso que precisamos orar. Precisamos pedir a Deus que nos ajude a pensar corretamente sobre o inferno. Antes de ler este livro, peço-lhe que ore. Seriamente. Ore. Sou o tipo de pessoa que nunca faz o que um livro me pede para fazer, e talvez você também seja assim. Mas peço que abra uma exceção. Ore antes de ler este livro. O que mostro a seguir é a essência das orações que fiz enquanto trilhava a jornada que levou à criação deste livro. Esta também é minha oração por você, à medida que se debate com essa questão tão importante:

> *Deus, quero saber o que é verdade. Sei que tenho desejos que influenciam e distorcem minha capacidade de raciocinar. O Senhor prometeu que seu Espírito Santo me guiará a toda a verdade. Oro pedindo que ele faça isso agora. Não quero estar errado. Não quero ser enganado por outros nem por mim mesmo. Só o Senhor possui toda a verdade, e quero estar ao seu lado. Dê-me olhos para ver e ouvidos para ouvir. Dê-me coragem para viver e falar aquilo que é certo, seja qual for o custo. Não quero crer em nada em relação ao Senhor que não seja verdade. Amém.*

CAPÍTULO 1

Todo mundo vai para o céu?

Com base no que ouço em funerais, a resposta é um esmagador "Sim!". Você já foi a algum funeral em que essa ideia foi ao menos questionada?

Precisamos dar total atenção àquilo que a Bíblia informa sobre o assunto. Perguntas sobre o céu e o inferno são importantes demais para serem deixadas por conta de nossos sentimentos e suposições. Porém, antes de examinarmos as respostas bíblicas a essas coisas, precisamos resolver uma questão importante.

Você quer acreditar num Deus que demonstra seu poder punindo não cristãos e que exalta sua misericórdia abençoando cristãos para sempre?

Quer mesmo? Seja honesto.

Você *quer* acreditar num Deus como esse? Eis a minha resposta honesta e instintiva: não.

De jeito nenhum. Tenho familiares e amigos que rejeitam Jesus. Não *quero* acreditar num Deus que pune não cristãos. Tudo bem, talvez ele devesse punir pessoas extremamente más. Isso faz algum sentido. No entanto, mandar para o inferno pessoas aparentemente boas, as que simplesmente escolheram a religião errada? Isso parece um pouco cruel, pelo menos de acordo com meu senso de justiça.

Deixe-me fazer outra pergunta: Você *poderia*?

Poderia acreditar num Deus que decide punir pessoas que não creem em Jesus? Um Deus que quer demonstrar seu poder ao punir os que não seguem seu Filho?

Essa é uma pergunta diferente, não é? Talvez a diferença não esteja visível, mas leia de novo e você verá que essas duas perguntas — *você quer?* versus *você poderia?* — estão, na verdade, a quilômetros de distância uma da outra.

O problema é que geralmente respondemos à segunda pergunta *por causa* de nossa resposta à primeira. Em outras palavras, porque não *queremos* acreditar em certas coisas sobre Deus, decidimos, portanto, que *não podemos* crer nelas.

Serei mais específico e pessoal. Eu *quero* que todos sejam salvos. Mesmo. *Não quero* que ninguém vá para o inferno. O fato é que eu adoraria que todas as pessoas se colocassem diante de Cristo no dia do juízo final e tivessem uma chance de dizer: "Eles estavam certos o tempo todo, Jesus. O Senhor é realmente o Salvador. Perdoe-me por não ter crido no Senhor antes, mas creio agora. Posso ter uma segunda chance?".

Eu *quero* crer num Deus que salva todo mundo no final. Contudo é isso o que Deus promete fazer? É isso que as Escrituras ensinam? Apesar daquilo em que *queremos* acreditar, precisamos descobrir em que devemos crer, segundo o que Deus disse em sua Palavra. Esse é o tema deste capítulo. Vamos tratar da seguinte pergunta: *A Bíblia afirma que todos serão salvos no final?*

Universalismo: uma breve pesquisa

No decorrer da história, alguns cristãos quiseram que Deus salvasse todos, e chegaram a ponto de defender que a Bíblia sustenta que ele o fará. Essa visão é chamada de universalismo.[1] O mais famoso proponente do universalismo foi um líder da igreja primitiva chamado Orígenes (c. 185-254 d.C.), que aparentemente ensinava isso, embora suas ideias fossem bastante complexas e nem sempre consistentes.[2] Mais tarde, as crenças de Orígenes foram consideradas heréticas;[3] isso, porém, não impediu que outros abraçassem essa visão de que todos serão salvos, ainda que seus defensores sempre tenham sido a minoria. De fato, por mais de 1.600 anos, praticamente nenhum grande teólogo sustentou que todos serão salvos. Tudo começou a mudar no século 19, quando vários pensadores ressuscitaram as crenças de Orígenes e as colocaram de volta no jogo. Hoje, existe um número crescente de cristãos confessos que repercutem, de um jeito ou de outro, as visões de Orígenes no que se refere à salvação e à vida após a morte. Até mesmo alguns evangélicos, como Thomas Talbott e Gregory MacDonald, já afirmaram que Deus acabará salvando todo mundo no final.[4]

Mais recentemente, essa visão foi abraçada pelo autor Rob Bell. Com criatividade e inteligência, ele anuncia uma posição similar, embora evite o rótulo de *universalismo*. No entanto, Bell sugere que toda e qualquer pessoa receberá Jesus; senão nesta vida, então certamente na próxima.[5] Ele escreve:

> No cerne dessa perspectiva está a crença de que, dado tempo suficiente, todos se voltarão para Deus e se encontrarão na alegria e na paz da presença dele. O amor divino derreterá

> todo coração duro, e até o mais "depravado pecador" abrirá mão de sua resistência e se voltará para Deus.[6]

É importante entender que o universalismo é apresentado em muitas formas e tamanhos. É por isso que precisamos ser cuidadosos ao rotularmos como *universalista* quem dizem que todo mundo acabará sendo salvo. O termo *universalista* é quase tão específico quanto o termo *batista*. Quando se fala que alguém é batista, tudo o que se afirma é que aquela pessoa não batiza crianças. Todo o resto pode variar. Do mesmo modo, todos os universalistas creem que cada pessoa será salva no final. Essa crença é expressa dc várias formas.

Existem, por exemplo, os universalistas *não cristãos*. Às vezes chamados de *pluralistas*, essas pessoas creem que Jesus é uma das muitas formas de salvação. Os pluralistas creem que todas as religiões apresentam maneiras igualmente válidas de salvação — o cristianismo é simplesmente uma dentre muitas.

A seguir, existem os universalistas *cristãos*, alguns dos quais se autodenominam universalistas *otimistas*. Eles creem que Cristo é o único caminho, mas mantêm a esperança de que, no final, Deus acabará salvando todos por meio do Filho. Eles, entretanto, vão além de simplesmente *esperar* que isso venha a acontecer (não esperamos todos nós?). Eles esperam *e* veem forte apoio bíblico para sua visão, embora esta seja frequentemente temperada com cautela.

Os universalistas *cristãos* menos cautelosos se autodenominam universalistas *dogmáticos*. Tal como o grupo anterior, eles creem que Cristo é o único caminho, todavia vão um pouco além e dizem que a Bíblia ensina claramente que todos serão salvos. Consideram essa visão não apenas possível, e sim a mais provável: creem que a Bíblia ensina de modo claro que, no final, todos serão salvos por meio de Jesus.

É importante, então, entender que os universalistas *cristãos* (otimistas e dogmáticos) acreditam na salvação pela graça por meio da fé em Cristo e somente em Cristo. Não há nada de não tradicional nisso. A diferença é que eles acham que, depois da morte, as pessoas terão outra chance (ou outras chances) de crer em Jesus e ser salvas.

O universalismo na Bíblia

Mas como eles chegam a essa conclusão? Por mais atraente que seja esse pensamento, há alguma coisa na Bíblia que apoie a ideia de que Deus acabará salvando todo mundo?

Talvez. À primeira vista, algumas passagens parecem apoiar a noção de que todos serão salvos. Depois de olhar com mais atenção, porém, não parece que os textos fornecem esse apoio. Não temos tempo ou espaço para analisar cada passagem usada para sustentar o universalismo cristão, de modo que analisaremos algumas das principais: Filipenses 2, 1Coríntios 15, 1Timóteo 2 e Apocalipse 21. Por fim, veremos o que há na Bíblia sobre escolher Jesus depois da morte.

Todo joelho se dobrará

Se você estivesse numa ilha deserta e encontrasse uma garrafa vazia com uma transcrição de Filipenses 2.9-11 dentro, provavelmente se tornaria um universalista. Depois de falar sobre a vida humilde, a morte e a ressurreição de Cristo, Paulo escreve:

> Por isso Deus o exaltou à mais alta posição e lhe deu o nome que está acima de todo nome, para que ao nome de Jesus se

> dobre todo joelho, nos céus, na terra e debaixo da terra, e toda língua confesse que Jesus Cristo é o Senhor, para a glória de Deus Pai.

A frase-chave é "se dobre todo joelho [...] e toda língua confesse que Jesus Cristo é o Senhor" (v. 10-11). Por si só, isso poderia significar que todo indivíduo que já viveu aceitará Jesus — se não nesta vida, certamente na próxima.

Basta dar uma olhada mais ampla na carta aos Filipenses para perceber que o trecho de 2.9-11 não ensina a salvação universal. Em Filipenses 1.28 Paulo registra que os que se opõem ao evangelho enfrentarão "destruição", enquanto os que o abraçam serão salvos. Existe um contraste entre os que creem e os que não creem; cada um terá um destino diferente. Em Filipenses 3.19, referindo aos inimigos de Cristo, Paulo afirma que "o destino deles é a perdição", enquanto os seguidores de Jesus anseiam pela ressurreição e pela glória (3.20-21). Mais uma vez, existe um contraste. Um contraste entre os que creem e os que não creem e o destino individual de cada um (note a palavra *destino* em 3.19), que se segue à decisão que tomaram nesta vida.

Também precisamos entender que, em Filipenses 2, Paulo está, na verdade, citando o livro de Isaías, do Antigo Testamento. Nele o profeta Isaías anseia pelo tempo em que todo joelho se dobrará e toda língua confessará o nome de Deus (45.23). Porém, nessa passagem Isaías está se referindo à salvação de Deus, que é *testemunhada* entre as nações e aceita por *alguns*, mas não por todos. De fato, o próprio Isaías, na mesma passagem que Paulo cita, expõe que haverá alguns que aceitarão a salvação e outros que continuarão resistindo a ela.[7]

Sendo assim, qual é o significado de Filipenses 2.9-11? Essa passagem expressa que chegará um dia em que Cristo retornará para reclamar sua criação, e *todos reconhecerão isso*. O rei Jesus reinará, e ninguém será capaz de negar esse fato. Paulo não contradiz Isaías.[8] Juntamente com essa salvação e esse reino vem o julgamento dos que se opuseram a Cristo nesta vida. Isaías disse isso no versículo seguinte (45.24), e Paulo também afirma o mesmo (Fp 1.28; 3.19).

Todos serão vivificados

Várias passagens do Novo Testamento descrevem Deus restaurando todas as pessoas ou reconciliando todas as coisas consigo. Os versículos a seguir costumam ser usados para provar que Deus salvará toda e qualquer pessoa.[9] Veja algumas das passagens mais destacadas:

> Pois da mesma forma como em Adão todos morrem, em Cristo todos serão vivificados.
>
> 1Coríntios 15.22

> Deus em Cristo estava reconciliando consigo o mundo, não levando em conta os pecados dos homens, e nos confiou a mensagem da reconciliação.
>
> 2Coríntios 5.19

> Pois foi do agrado de Deus que nele habitasse toda a plenitude, e por meio dele reconciliasse consigo todas as coisas, tanto as que estão na terra quanto as que estão nos céus, estabelecendo a paz pelo seu sangue derramado na cruz.
>
> Colossenses 1.19-20

> [Deus] deseja que todos os homens sejam salvos e cheguem ao conhecimento da verdade.
>
> 1Timóteo 2.4

Ao olhar essas passagens, um universalista cristão diz: "Paulo antevia um tempo em que todas as pessoas seriam reconciliadas com Deus no pleno sentido de redenção".[10]

É isso mesmo que essas passagens dizem, ou existe alguma outra coisa?

Parece que há algo mais, por exemplo, em 1Coríntios 15.22, quando Paulo anuncia que "em Cristo todos serão vivificados". Esse versículo em si poderia significar que todo mundo acabará sendo salvo, mas o contexto não apoia essa interpretação. Quando diz que "todos serão vivificados", Paulo está claramente pensando sobre a ressurreição *dos que creem*, quando Cristo voltar pela segunda vez. De fato, ele comenta exatamente isso no versículo seguinte: "Cristo, o primeiro; depois, quando ele vier, os que lhe pertencem" (cf. v. 22-23).[11] Assim, o versículo não pode significar que todos serão salvos no final. O fato é que, logo após esse versículo, surge um grande trecho sobre destruição: a destruição de tudo e de todos que se opõem a Deus nesta vida (v. 25-26).[12] É por isso que Paulo conclui a carta com uma forte advertência, afirmando que todo o que não ama Jesus será amaldiçoado (16.22).

Portanto, neste caso, "todos" não significa toda e qualquer pessoa. E é bom ter isso em mente ao examinar 1Coríntios 15.22 e outras passagens similares. É preciso descobrir o significado de "todos" com base no contexto. Quando Marcos, por exemplo, disse que "*toda* a região da Judeia" e "*todo* o povo de Jerusalém" vinham a João para ser batizados por ele (Mc 1.5), ele certamente não se referiu a 100% das pessoas da Judeia: cada homem, cada mulher e cada criança. "Todo" e "toda" aqui simplesmente denotam um grande número de pessoas. Em Atos 21.28, Paulo é acusado de pregar "a todos em toda parte". Será que Paulo realmente pregou o evangelho a todas as pessoas da terra? Mais uma vez, "todos" significa uma grande quantidade de pessoas em muitos lugares diferentes, mas não todo e qualquer indivíduo.

Portanto, "todos" nem sempre significa todas as coisas ou todas as pessoas. E o mesmo vale para 1Coríntios 15.22, como fica claro pelo contexto. O "todos" que "serão vivificados" em Cristo refere-se a crentes de todos os tipos, não a cada ser humano.

Deus consegue o que deseja?

O mesmo acontece em 1Timóteo 2.4, que assegura que Deus "deseja que todos os homens sejam salvos".

Poderíamos ir adiante e extrair uma pergunta provocativa desse versículo: *Deus consegue o que deseja?*[13] Isso levaria a uma reviravolta retórica. É claro que Deus recebe o que deseja! Se não fosse assim, ele não seria Deus. Ou, se ele é Deus, então não é muito poderoso.

Espere um pouco. Essa pergunta sobre Deus ter o que deseja ignora duas outras questões importantes sobre o versículo em questão: 1) Qual é o significado de *todos*; e 2) Qual o significado da palavra *deseja* nesse contexto?

É bem fácil responder à primeira pergunta à luz de nossa discussão anterior. Mais uma vez, o contexto é a chave. Apenas alguns versículos antes, Paulo ordena a Timóteo que ore "por todos os homens" (1Tm 2.1), e essa recomendação está baseada no desejo de Deus de salvar "todos os homens" (v. 4). Se considerarmos o segundo "todos os homens" como toda e qualquer pessoa, então certamente teremos de considerar o primeiro "todos os homens" da mesma maneira. Será que Paulo realmente quer que passemos por uma lista de oração que inclui cada pessoa da face da terra? Talvez não fosse má ideia, mas não creio que esse seja o objetivo de Paulo aqui. Em 1Timóteo 2.1-2, ele qualifica a oração por "todos os homens", acrescentando "pelos reis e por todos os que exercem autoridade". Parece que Paulo está insistindo com Timóteo para que ele ore por pessoas de todos os tipos, até mesmo pelos líderes romanos que poderiam perseguir cristãos!

Provavelmente talvez seja o caso de Paulo querer que Timóteo *ore* por todo tipo de pessoa, porque Deus está numa missão para *salvar* todo tipo de pessoa.

Então, o que Paulo quer dizer com "deseja"? Esta questão é um pouco mais complicada, pois essa palavra pode ter significados muito diferentes. Seja qual for o caso, a palavra "deseja" não significa necessariamente que Deus está fazendo tudo o que pode para obter algo que queira — assim como, se eu quero mais café, simplesmente vou até o balcão e pego. Na verdade, Paulo, que disse que Deus deseja que todos os homens sejam salvos, também afirmou que Deus "deseja" que todos os cristãos sejam sexualmente puros (1Ts 4.3).[14] Você já conheceu um cristão que não fosse sexualmente puro? Isso implica que Deus não está recebendo o que deseja?

Para compreender o significado de *desejar*, é útil considerar o que os teólogos chamam de vontade *moral* e vontade *decretiva* de Deus. Algumas coisas podem ser parte do desejo de Deus para o mundo, mas esses desejos podem enfrentar resistência. Deus não *deseja* que as pessoas pequem, entretanto, ele permite que isso aconteça porque os humanos são agentes morais que costumam fazer escolhas más. Deus não é um animador de marionetes que mexe as cordas de todos para que se encaixem na vontade dele. É por isso que o Senhor nos ensinou a orar usando termos como "seja feita a tua vontade, assim na terra como no céu" (Mt 6.10). O desejo de Deus — sua vontade *moral* — sofre resistência.

Em seguida, temos a vontade *decretiva* de Deus. Ela se refere àquilo que Deus faz acontecer independentemente da decisão dos humanos. Ele às vezes usa nossas escolhas ruins — nossa rebelião contra sua vontade *moral* — para realizar sua vontade *decretiva*. Em outras palavras, existe uma diferença entre os *valores que agradam a Deus* (vontade moral) e os *eventos que ele faz acontecer* (vontade soberana).[15]

Está ficando pesado demais? Talvez uma ilustração venha a ajudar. Em Juízes 14–16 lemos sobre um sujeito imprevisível chamado Sansão. Embora fosse poderoso na batalha, sua bússola moral era bastante falha, como se pode ver em seu amor por mulheres pagãs. No início da história, Sansão apaixonou-se por uma mulher filisteia, o que era contra a *vontade moral* de Deus (Jz 3.1-6). Contudo, segundo Juízes 14.4, o caso amoroso de Sansão "vinha do SENHOR". Deus "buscava ocasião contra os filisteus" e, assim, usou a luxúria de Sansão para se opor aos filisteus. O amor de Sansão por mulheres pagãs ia contra a vontade *moral* de Deus, mas tornou-se parte da vontade *soberana* de Deus. Sansão estava livre para transgredir a vontade *moral* de Deus, porém Deus interveio para levar a cabo sua vontade *soberana* ao usar essa situação para lutar contra os filisteus.

Voltemos a 1Timóteo 2. Em que sentido Deus "deseja" que todos os homens sejam salvos? "Deseja" enfatiza a vontade *moral* de Deus, sua vontade de salvar todo tipo de pessoas. Elas são livres para rejeitar esse querer, pois não se trata da vontade soberana de Deus. Apesar de tudo, o versículo capta o coração de Deus. Desse modo, a pergunta "Deus recebe aquilo que deseja?" deixa implícito que, se ele não salvar todos como se propôs fazer, então ele é um fracasso. Contudo, na melhor das hipóteses, essa é uma suposição ingênua; na pior, trata-se de uma retórica profundamente equivocada.

A tônica de Paulo *não é* que Timóteo deve orar por toda e qualquer pessoa que viveu, nem que Deus decretou a salvação de todos. A ênfase de 1Timóteo 2 e de outras passagens similares (por exemplo, 2Pe 3.9) é que Deus não é intolerante, não é racista; ele ama inverter as distinções sociais porque seu amor não tem fronteiras. O evangelho derrubou todas as barreiras étnicas e socioeconômicas através da cruz de Jesus Cristo, como Paulo expõe em outro texto (Ef 2.11-22).[16] Deus deseja que até mesmo maníacos assassinos como o imperador Nero (isto é, "reis e todos os que exercem autoridade", conforme 1Tm 2.2) se arrependam e venham a Jesus! Paulo quase chegou a Nero com o evangelho e, no fim, teve a cabeça decepada. Mas essa é outra história.

Quem deixou a porta aberta?

Vamos caminhar para o último livro da Bíblia, que alguns usam como base para dizer que todos serão salvos no fim. O capítulo 21 de Apocalipse antevê cristãos adentrando na "Nova Jerusalém", a qual, de uma forma ou outra, retrata nosso estado final. João, o autor, profetiza que as "portas [da Nova Jerusalém] jamais se fecharão" (v. 25) e que "os reis da terra lhe trarão a sua glória" (v. 24). Só que quem deixou a porta aberta? O que João está dizendo ao usar a imagem de portas abertas? Para alguns, essa ilustração significa que Deus esperará para sempre, de braços abertos (ou portas abertas), que os descrentes se voltem para ele. "Assim que forem purificados no lago de fogo", escreve um autor, "os mais vis de todos os homens [...] estarão livres para entrar na Nova Jerusalém pelas portas que nunca se fecham".[17]

Será que a imagem de portas abertas mostra que "os que rejeitaram o amor de Deus nesta vida" terão oportunidades infindáveis de aceitá-lo após a morte?[18] Essa é uma sugestão interessante. Adoraria acreditar nisso, mas três coisas no texto me impedem de aceitar essa teoria. Primeiramente, Apocalipse 20 e 21 descrevem o "lago de fogo" como destino final dos que não seguem Jesus nesta vida. Não há nada em Apocalipse que sugira a existência de esperança do outro lado do lago. Em segundo lugar, não há nada no texto que afirme que o lago de fogo tem o propósito de *purificar* o ímpio. Pelo contrário, a cena do julgamento, apresentada em 20.11-15, explica que o lago de fogo é para *punição.*[19] E, em terceiro lugar, mesmo depois do trecho em que fala das portas abertas (21.24-26), João segue adiante e retrata dois destinos diferentes para os que creram e os que não creram:

> "Felizes os que lavam as suas vestes, e assim têm direito à árvore da vida e podem entrar na cidade pelas portas. Fora ficam os cães, os que praticam feitiçaria, os que cometem imoralidades sexuais, os assassinos, os idólatras e todos os que amam e praticam a mentira".
>
> Apocalipse 22.14-15

Essa passagem mostra que haverá separação contínua entre os que creram e os que não creram. O que determina o destino de cada um é se "lavam as suas vestes" ou não; ou seja, se o pecado foi ou não tratado por meio do sangue de Jesus *nesta vida* (cf. Ap 7.14). Creio que é difícil sugerir que os que não creram podem lavar suas vestes enquanto estão no lago de fogo para depois entrar pelas portas.

Em suma, existem algumas passagens no Novo Testamento que parecem garantir que todos serão salvos. Mas, depois de olhar para o contexto, vemos que provavelmente não é isso que essas passagens dizem. Não se trata apenas de contradizer muitos outros textos que falam de julgamento e recompensa (como veremos nos capítulos seguintes), como também falta coerência com o contexto em que tais passagens estão inseridas.

E as passagens que afirmam a existência de uma segunda chance?

No início, eu disse que um ponto de comum acordo entre todos os cristãos universalistas é que, depois da morte, haverá uma chance (ou uma cadeia infindável) de optar por Jesus. A visão universalista depende disso. Assim, precisamos dissecar todas as passagens relativas a uma chance *post-mortem* para ver se elas ensinam mesmo tal visão. O problema é que não há passagens que afirmem isso.

Em nenhuma passagem da Bíblia está expresso que haverá outra chance depois da morte para se voltar a Jesus.

E isso é assustador. É assustador porque a ideia de uma conversão após a morte é o ingrediente mais importante da posição universalista. É ele que dá suporte ou destrói a visão universalista. Mas não há uma única passagem na Bíblia que descreva, indique, anele ou sugira que alguém que morre sem ter seguido Jesus nesta vida terá a oportunidade de fazê-lo depois. Um universalista cristão em particular admite isso. Defendendo a possibilidade de pessoas deixarem o inferno, ele argumenta:

> Claramente minha interpretação está subdeterminada[20] pelos textos. [...] Não estou fazendo uma exegese detalhada dos textos enquanto tento extrair a lógica da teologia do Novo Testamento como a entendo e sua implicação com tais textos. Durante esse processo, posso estar oferecendo maneiras de ler os textos que vão além daquilo que seus autores tinham em mente.[21]

Lembre-se de que não estamos simplesmente tentando resolver uma questão doutrinária. Estamos falando do destino das pessoas. O pensamento de que alguém esteja se fiando numa segunda chance depois da morte, embora os autores bíblicos nunca tenham dito isso explicitamente, é... hum...

Aterrorizante.

Estamos falando de *destinos* eternos. Não podemos estar errados em relação a isso. Fazer uma defesa apaixonada de que "o amor divino derreterá todo coração duro, e até o mais 'depravado pecador' abrirá mão de sua resistência e se voltará para Deus",[22] e isso sem evidência bíblica clara, é incrivelmente perigoso, especialmente se você for um "depravado pecador" e as coisas não funcionarem desse jeito. Se o médico diagnostica que sua filha está bem e ela morre três dias depois, você certamente chamará as autoridades.

A Bíblia não declara que haverá mais chances após a morte. De fato, algumas passagens até mesmo advertem acerca desse tipo de falsa esperança.

Quando se aproximava do final de sua vida, por exemplo, Jesus contou uma parábola sobre segundas chances (Lc 13.22-30).[23] Jesus está a caminho de Jerusalém, e seus discípulos perguntam quantas pessoas serão salvas. Jesus responde que poucos serão salvos, mas o que é ainda pior é que muitos dos que acham que serão salvos acabarão "do lado de fora" do reino, por assim dizer. Do lado de fora, eles baterão na porta para ver se Jesus os deixa entrar. O que acontecerá quando Jesus vier à porta?

De acordo com os que creem na existência de uma outra chance após a morte, Jesus responde: "Entrem!". Ele tem de fazer isso, não é mesmo? É cruel pensar que Jesus responderia de outra maneira. Seria impiedoso e injusto! Será que Jesus poderia realmente retrucar: "A porta está trancada. Sinto muito. Se tivessem chegado antes, eu poderia ter feito alguma coisa. Agora, porém, é tarde demais"?[24]

Sim, na verdade, ele poderia. Embora desejemos que a porta se abra, Jesus afirma que fará o oposto:

> "Quando o dono da casa se levantar e fechar a porta, vocês ficarão do lado de fora, batendo e pedindo: 'Senhor, abre-nos a porta'. Ele, porém, responderá: 'Não os conheço, nem sei de onde são vocês'. Então vocês dirão: 'Comemos e bebemos contigo, e ensinaste em nossas ruas'. Mas ele responderá: 'Não os conheço, nem sei de onde são vocês. Afastem-se de mim, todos vocês, que praticam o mal!' Ali haverá choro e ranger de dentes, quando vocês virem Abraão, Isaque e Jacó, e todos os profetas no Reino de Deus, mas vocês excluídos".
>
> Lucas 13.25-28

Essa passagem "não deixa qualquer indício de que a porta ficará permanentemente aberta".[25] Se Jesus acreditava numa segunda chance para aqueles que o rejeitam nesta vida, então a parábola é perigosamente enganosa.

Para aqueles que seguem Jesus, existe vida eterna na presença de Deus, mas para aqueles que não o seguem, haverá punição. E, como vimos neste capítulo, a Bíblia não parece dar esperanças de uma segunda chance.[26] Como isso é assustador para os que se virem do outro lado da porta, querendo entrar, batendo e implorando, desejando que tivessem feito escolhas diferentes enquanto tinham oportunidade.

É muito importante pensar nessa parábola. Jesus não deixou essas palavras simplesmente para que, um dia, as discutíssemos em um livro. Como todo o texto bíblico, essa parábola tem o propósito de mexer com a nossa alma. Reserve um tempo para, ao menos, lê-la outra vez. Leia com cuidado. Leia com convicção, ciente de que haverá pessoas do lado de fora, num terrível lugar de punição.

Um lugar chamado inferno.

CAPÍTULO 2

O inferno mudou? Ou fomos nós?

Fico envergonhado em admitir isto, mas, quando ouço o nome *Jesus*, uma figura vem à minha mente. É a pintura de um homem caucasiano de longos cabelos louros, olhando para o céu. Esse quadro está pendurado na parede de uma igreja à qual pertenci em determinada época. Durante meus anos de infância, eu o via todas as manhãs de domingo. Hoje, ele me perturba, pois é ridiculamente impreciso. Sei que Jesus não tinha aquela aparência quando caminhou na terra, e ele certamente não tem essa aparência agora. Por mais que tenha me esforçado, não consegui apagar essa imagem da memória. De vez em quando, ela volta a me assombrar assim que ouço o nome *Jesus*. Ela chega até a aparecer quando estou orando! Duvido que alguém tenha tido esse tipo de problema dois mil anos atrás.

Hoje, ao pronunciar o nome *Jesus*, todo tipo de imagem invade nossa mente. Há milhões de ideias diferentes sobre a aparência de Jesus no passado e no presente. Algumas pessoas, como eu, têm imagens imprecisas das quais ainda tentamos nos livrar. Outros criam novas ideias sobre Jesus e passam a vida inteira tentando se convencer de que essas ideias são verdadeiras. Lá no fundo, todos nós temos uma tendência de recriar Jesus à nossa própria imagem. Antes de percebermos, temos um Jesus norte-americano, um Jesus ocidental, um Jesus pós-moderno, um Jesus *hippie*, um Jesus capitalista ou socialista. No fundo do coração de toda pessoa existe um desejo oculto de reinterpretar Jesus à luz de sua própria cultura, tendência política ou crença teológica favorita.

Fazemos o mesmo com o inferno. A pergunta "o que é o inferno?" tem recebido muitas respostas no decorrer dos anos. Para Orígenes, o inferno era onde a alma do ímpio era purificada para que pudesse encontrar o caminho de volta para Deus. Dante retratou o inferno como um lugar abaixo da superfície da terra, com nove níveis de sofrimento, no qual os pecadores eram mordidos por cobras, atormentados por animais, banhados com chuva gelada e presos em rios de sangue ou sepulturas flamejantes; alguns eram até mesmo imersos em enormes poços de excremento humano. O retrato do inferno feito por C. S. Lewis era bem menos horripilante. Para Lewis, o inferno se assemelha a uma cidade escura e sombria, ou a um espaço em que "os seres se desvanecem rumo ao nada".[1] Um retrato mais alegre do inferno foi pintado pela banda AC/DC, que afirmou que "o inferno não é um lugar ruim onde estar" — é onde estão todos os nossos amigos.[2] Mais recentemente, Rob Bell falou que o inferno não se trata de "um outro dia, outro local",[3] mas sim dos vários "infernos na terra" que as pessoas experimentam nesta vida: genocídio, estupro e estruturas socioeconômicas injustas.[4]

Através dos anos, foram propostas muitas ideias sobre o inferno; algumas atraentes, outras não. Contudo, se estamos atrás da verdade, então precisamos nos apegar àquilo que Jesus de fato disse. Também precisamos tentar entender as declarações de Jesus no contexto do mundo em que viveu. É preciso entrar no mundo de Jesus, o mundo *judaico* do século 1, se quisermos descobrir o que ele revelou quando tratou do inferno.

É necessário adentrar o mundo de Jesus porque ele era judeu, um judeu que viveu dois mil anos atrás no Oriente Médio. Ele falava aramaico e também um pouco de grego, provavelmente com sotaque. Ele não sabia nada de português, menos ainda da linguagem culta das versões bíblicas tradicionais. Era um trabalhador braçal, que dedicava longas horas como carpinteiro (ou pedreiro), e provavelmente tinha as marcas de um trabalhador camponês: pele escura e castigada pelo sol, mãos calejadas e algumas cicatrizes aqui e ali devido ao trabalho na oficina. Jesus provavelmente não tinha cabelo longo, porque isso não era típico de um homem judeu de sua época, e certamente não tinha olhos azuis, cabelo louro e pele alva como a neve.

Jesus era um judeu do século 1, de modo que precisamos deixar para trás todos os outros "Jesuses" que refazemos e remodelamos conforme nossa própria tendência cultural. A única maneira pela qual podemos entender o que Jesus disse sobre o inferno é mergulhando na própria cultura da Bíblia. Respirar o seu ar. Notar sua sujeira. Sentir o cheiro da Palestina do século 1. *Então*, estaremos numa posição melhor de entender mais claramente o que Jesus e seus seguidores diziam sobre o inferno.

Sendo assim, é para esse mundo que nos voltamos. Nesse contexto, descobrimos que o inferno era visto como um lugar de punição para aqueles que não seguem Deus. De fato, a crença no inferno estava tão enraizada nos judeus do primeiro século[5] que Jesus teria de se desviar de seu caminho para manter distância dessas crenças caso ele mesmo não as apoiasse. No capítulo seguinte, consideraremos se Jesus fez isso ou não. Por ora, penetraremos na cultura judaica ao redor dele para ver o que seus contemporâneos disseram sobre o inferno.

De maneira específica, veremos neste capítulo que, para os judeus dos dias de Jesus,

1. o inferno é um lugar de punição após o juízo;
2. o inferno é descrito por meio de imagens como fogo, trevas e pranto;
3. o inferno é um lugar de aniquilação e de punição eterna.

Portanto, façamos uma pequena excursão por alguns desses autores judeus para ver suas afirmações sobre o inferno.[6] Para que fique claro, nenhuma das passagens que analisaremos aqui está no Novo Testamento; elas foram escritas por judeus que viveram mais ou menos na mesma época (200 a.C.-100 d.C.). Para simplificar, farei referência generalizada às datas das passagens, deixando o restante da informação para as notas de rodapé. Estou certo de que alguns de vocês, leitores, não estão sentados na ponta da cadeira pensando "Legal! Adoro estudar o judaísmo do século 1!". Mas tente caminhar comigo. Creio que uma breve aula de história é necessária para nos ajudar a apagar ideias do século 21 que tenhamos adicionado a Jesus.

A visão judaica sobre o inferno no primeiro século

Os judeus do século 1 usaram o Antigo Testamento para construir sua teologia. Mas o Antigo Testamento não apresenta muita informação sobre o inferno. A doutrina do inferno é progressivamente desenvolvida pelas Escrituras, do mesmo modo que acontece em relação ao céu, ao Espírito Santo e até mesmo a Jesus. Isso definitivamente *não* significa que essas coisas mudaram com o passar do tempo; Deus simplesmente revela mais e mais sobre elas à medida que as Escrituras se desenvolvem. Vemos isso acontecer em especial com relação ao inferno. O Antigo Testamento faz algumas referências vagas à punição na vida após a morte, sendo Daniel 12.2 a passagem mais relevante: "Multidões que dormem no pó da terra acordarão: uns para a vida eterna, *outros para a vergonha, para o desprezo eterno*" (cf. tb. Ez 32.17-32). Tais declarações, porém, são raras no Antigo Testamento. Somente no Novo Testamento é que essa ideia é plenamente revelada.

Ao estudar o Antigo Testamento (particularmente Daniel 12), muitos judeus do primeiro século desenvolveram certas crenças sobre o inferno. Mais uma vez, essas crenças não são em si inspiradas por Deus. Perceba que não estou tentando usar este capítulo para determinar se as conclusões dos judeus do século 1 eram corretas ou não. Estou apenas descrevendo a crença corrente sobre o inferno, com a qual Jesus e os autores do Novo Testamento foram criados.

De modo geral, é nisto que os judeus do século 1 criam.

O inferno é um lugar de punição após o juízo

Entre os judeus dos dias de Jesus, o cenário típico do pós-morte era que os ímpios iam para um local chamado *hades*, às vezes denominado *sheol*. Não são o sinônimo de *inferno*. O *hades* normalmente não é retratado como um lugar de punição, muito embora o ímpio pudesse sofrer ali. É onde o ímpio espera até o dia do juízo. Depois de serem julgados, os ímpios são então lançados no inferno, como punição por seus pecados. É importante notar que, para o judeu do século 1, essa punição não era *corretiva* ou *terapêutica* (no sentido de ser um remédio); em outras palavras, a punição não qualifica pessoas para a salvação. Em vez disso, o inferno é *retributivo*, é a punição de Deus para o pecado.

Considere o seguinte:

> As câmaras entregarão as almas que lhes foram confiadas. E o Altíssimo se revelará sobre o trono do julgamento [...] recompensa se seguirá [...] os atos de injustiça não dormirão. Então o poço do tormento surgirá [...] e a fornalha da geena será aberta. (Século 1 d.C.)[7]

O mesmo autor descreve geena, ou inferno, como um lugar de "fogo e tormento", onde o ímpio "perambula em tormento, sempre em lamentação e tristeza". O pior de tudo é que esse julgamento é final, "porque não podem agora se arrepender de como viveram".[8]

De acordo com outro autor judeu,

> os pecadores são separados ao morrer, são sepultados na terra, eles não receberam julgamento durante seu tempo de vida, debaixo dessa grande dor, até o grande dia do julgamento — e para aqueles que praguejam (haverá) tormento e dor para sempre, e a retribuição de seus espíritos. (Século 2 d.C.)[9]

Vemos aqui que, depois de morrer, os pecadores vão para um lugar em que esperam pelo juízo. O autor até mesmo destaca que eles *não* receberam julgamento durante sua vida. Em outras palavras, não se considera que esse inferno sejam os "infernos na terra" que enfrentamos todos os dias. É um lugar horrível de juízo, onde Deus pune as pessoas por seus pecados.[10]

O inferno é descrito por meio de imagens de fogo, trevas e pranto

De todas as imagens usadas para descrever o inferno, o fogo é a mais comum. Considere o seguinte:

> O mundo futuro será dado a esses [isto é, aos que são obedientes a Deus], mas a habitação de muitos outros será no *fogo*. (Século 1 d.C.)[11]

> Ai de vocês, pecadores, por causa das obras de suas mãos! Por causa de seus feitos malignos, em *chamas ardentes, piores que fogo* queimarão. (Século 1 a.C.)[12]

No dia do julgamento, todos os pecadores cujos nomes estiverem "riscados do livro da vida" vão "chorar e lamentar num lugar que é um deserto invisível, e *queimarão no fogo*". Esse local "era *completamente escuro*" e, ainda assim, "a *chama de seu fogo* [...] queimava intensamente" (século 1 d.C.).[13] O inferno é um "abismo [...] cheio de fogo", e os ímpios são "lançados nesse abismo abrasador, e foram queimados".[14]

Fogo, trevas, lamento. Essas são as imagens típicas usadas pelos judeus do século 1 para descrever o inferno e, como veremos, são as mesmas imagens usadas por Jesus e outros autores do Novo Testamento.

Quanto à duração do inferno, porém, havia divergência de opinião entre os judeus. Alguns acreditavam que o ímpio seria aniquilado no inferno (sua existência pessoal cessaria), enquanto outros acreditavam que o ímpio seria punido para sempre num estado contínuo de tormento.

O inferno é um lugar de aniquilação

Alguns autores judeus acreditavam na aniquilação do ímpio. Um deles, que viveu em Israel por volta da época de Jesus, considerou a questão da seguinte maneira:

> E seu local de habitação será nas trevas e no lugar de destruição; não morrerão, mas derreterão até que eu me lembre do mundo e renove a terra. Então eles morrerão, e não mais viverão, e sua vida será retirada da multidão de todos os homens. (Século 1 d.C.)[15]

O fato de não morrer imediatamente, mas sim de "derreter", sugere algum período de sofrimento. Contudo, em última análise, para esse escritor judeu haverá uma aniquilação do ímpio.

O inferno é um lugar de punição eterna

Embora alguns cressem que o ímpio seria aniquilado, outros acreditavam que o inferno seria um local de punição permanente. Esses autores judeus descreveram o inferno como um lugar de "todo tipo de tortura e tormento", onde seres "tenebrosos e cruéis" usariam, "sem piedade, instrumentos atrozes de tortura" (séculos 1 e 2 d.C.).[16] O inferno era chamado de "abismo", no qual seus "prisioneiros viviam em dor, com a perspectiva de incessante punição" (séculos 1 e 2 d.C.).[17] Outro autor descreveu os ímpios no inferno,

> implorando que os anjos de sua punição lhes dessem uma breve trégua [...].Clamando por um pouco de descanso, mas sem o encontrar [...]. A luz desapareceu de nossos olhos, e as trevas tornaram-se sua habitação para sempre e sempre; porque anteriormente não tivemos fé nem glorificamos o nome do Senhor dos Espíritos (século 1 d.C.).[18]

Um relato bem ilustrativo retrata sete irmãos sendo martirizados por alguns poderosos de origem grega. Depois da morte dos seis primeiros, o sétimo irmão, após ser torturado, deixa escapar o seguinte, pouco antes de morrer:

> Por causa disso, que a justiça reserve a você fogo e torturas intensos e eternos, e que, por todo o tempo, nunca o abandonem. (Século 1 d.C.)[19]

Ele basicamente manda seu torturador ir para o inferno.

Poderíamos continuar indefinidamente, citando autores judaicos que viveram e escreveram na época de Jesus. Se quiser mais referências sobre o inferno segundo o judaísmo do primeiro século, verifique as notas.[20] Contudo, com base nas passagens citadas anteriormente, uma coisa fica clara: os judeus do século 1 acreditavam no inferno. Ainda que exista diferença de opinião quanto à eternidade do inferno, sua existência como local de punição do ímpio é quase unânime.[21] Isso é inegável. É a visão *judaica* do século 1 em relação ao inferno.[22]

Foi nesse mundo judaico que Jesus cresceu. Se quisermos entender Jesus à luz de seu próprio contexto no primeiro século, então precisamos entender as crenças desse contexto sobre o inferno. Isso nos impedirá de colocar nos lábios de Jesus nossas próprias ideias a respeito do inferno, enquanto lemos o Novo Testamento.

O inferno é um depósito de lixo?

É fato que alguns autores contemporâneos tentam situar Jesus no contexto dele. Na verdade, esse é um dos aspectos mais animadores da pregação e da produção literária de Rob Bell. Ele está correto quando escreve que "pegar algumas poucas falas de Jesus e, dois mil anos depois, despejá-las sobre alguém, sem primeiramente entrar no mundo em que elas foram ditas, é letal para a vida, a vitalidade e a *verdade* da Bíblia".[23] Não é apenas errado, mas "letal para [...] a *verdade* da Bíblia", escreve Bell. Amém!

Seguindo o conselho de Bell, já entramos no mundo em que foram feitas as declarações de Jesus sobre o inferno, e vimos que aquele mundo considerava o inferno como, literalmente, um lugar de punição. Bell também tenta entender a visão de Jesus sobre o inferno à luz do judaísmo do século 1, porém chega a resultados bastante diferentes. Já destacamos que Bell enfatiza que inferno refere-se a "infernos na terra" — as tragédias que esta vida nos traz —, em vez de um lugar de punição para o ímpio após a morte.[24] No entanto, essa ênfase não condiz com o cenário do século 1, como vimos de primeira mão.

Bell sugere que, quando Jesus usava a palavra *inferno* (geena), se referia a um depósito de lixo fora de Jerusalém, onde os judeus costumavam jogar o lixo. Bell argumenta que "geena, nos dias de Jesus, era o lixão da cidade", e que era isso que Jesus entendia como inferno:

> As pessoas jogavam o lixo e dejetos nesse vale. Lá havia fogo, ardendo constantemente para consumir o lixo. Animais selvagens brigavam pelos restos de comida das beiradas da

pilha. Quando lutavam, rangiam os dentes. Geena era o lugar de ranger de dentes, onde o fogo nunca se extinguia. Geena era um lugar real, com o qual os ouvintes de Jesus estavam familiarizados. Assim, da próxima vez que lhe perguntarem se você acredita num inferno real, você pode responder: "Sim, realmente creio que meu lixo vai para algum lugar...".[25]

Entretanto, se Jesus se referia realmente a um depósito de lixo quando falava sobre a geena, então muitas de suas declarações foram, no mínimo, estranhas:

> "E qualquer que disser: 'Louco!', corre o risco de ir para o fogo do *depósito de lixo*".
>
> Mateus 5.22

> "É melhor perder uma parte do seu corpo do que ser todo ele lançado no *depósito de lixo*".
>
> Mateus 5.29

> "Antes, tenham medo daquele que pode destruir tanto a alma como o corpo no *depósito de lixo*".
>
> Mateus 10.28

> "É melhor entrar na vida com um só olho do que, tendo os dois olhos, ser lançado no fogo do *depósito de lixo*".
>
> Mateus 18.9

Do mesmo modo, Jesus declara aos escribas e aos fariseus que eles eram "filhos do *depósito de lixo*", e então lhes pergunta: "Como vocês escaparão da condenação ao *depósito de lixo*?" (adaptado de Mt 23.15,33).

Embora seja louvável a tentativa de Bell de entender Jesus em seu contexto judaico do século 1, sua teoria de que "a geena é um depósito de lixo" é tanto equivocada quanto imprecisa. Veja por quê.

Primeiramente, é equivocada porque confunde a fonte de uma ideia com a ideia em si.[26] Só porque a imagem que Jesus usou para descrever o inferno teria sido *inspirada* em um depósito de lixo em chamas (se é que foi), não significa que ele se referia ao depósito de lixo real quando usou a palavra *geena*. Costumo ouvir, por exemplo, as pessoas se referirem a uma estrada congestionada como um estacionamento. A declaração é inspirada por um estacionamento literal, mas ninguém está afirmando que as pessoas dirigem até a estrada, estacionam, trancam o carro e, então, saem para trabalhar. É assim que as imagens funcionam. Portanto, afirmar que Jesus se referia a um lixão verdadeiro é equivocar-se em relação ao funcionamento da linguagem.

Segundo, também é imprecisa a sugestão de que "a geena é um depósito de lixo". A teoria inteira se baseia em evidências bastante instáveis. Alguns comentaristas e pastores continuam promovendo a ideia, mas não há evidências da época de Jesus de que o vale de Hinom (geena significa literalmente "vale de Hinom")[27] fosse o lixão da cidade. De fato, por centenas e centenas de anos depois de Jesus, não houve provas de que, alguma vez, tenha existido um depósito de lixo no vale de Hinom durante o século 1. Tampouco há evidências arqueológicas de que esse vale tenha sido algum dia um depósito de lixo[28] (se foi um lixão, seria possível escavar e encontrar provas). De fato, a primeira referência que se tem sobre o vale de Hinom, ou geena, como depósito de lixo urbano é feita por um rabino chamado David Kimhi em um comentário escrito em 1200 d.C.

No ano 1200 d.C.! Isso é mais de um milênio à frente da época em que Jesus viveu! Essa foi a primeira vez que o vale de Hinom foi associado ao lixão. Esta é a citação de Kimhi:

> Geena é um lugar repugnante, no qual imundícia e cadáveres são jogados, e no qual o fogo queima perpetuamente para consumir a imundícia e os ossos; por causa disso, por analogia, o juízo do ímpio é chamado de "geena".[29]

Escrevendo no final da Idade Média — a propósito, da Europa, não de Israel —, Kimhi foi o primeiro a fazer essa sugestão. Portanto, aqui está o problema: quais são as chances de Jesus ter pensado no depósito de lixo da cidade ao usar o termo *geena*, quando não se tem evidência da existência de tal lugar senão mais de mil anos depois? Não há provas nas pilhas e pilhas de escritos judaicos e cristãos anteriores à época de Kimhi de que essa palavra tenha sua raiz no lixo em chamas no vale de Hinom.

Você percebeu o que o próprio Kimhi escreveu sobre a palavra *geena*? Ele afirmou que esse depósito de lixo tornou-se uma *analogia* para "o juízo do ímpio". Portanto, até mesmo o primeiro autor a ligar geena ao depósito de lixo considerava-o uma *analogia para o lugar em que o ímpio será julgado.*

Muito das teorias de Bell sobre o inferno se baseiam numa lenda da Idade Média.

Sendo assim, o que há no vale de Hinom que transformou a palavra *geena* na imagem de julgamento ardente? No Antigo Testamento, o vale de Hinom foi onde alguns israelitas se envolveram em adoração idólatra aos deuses cananeus Moloque e Baal. Era ali, de fato, onde sacrificaram seus filhos àqueles deuses (2Rs 16.3; 21.6), fazendo-os "passar pelo fogo" (Ez 16.20-21, RC). Com a pregação de Jeremias, o vale de Hinom tornou-se uma metáfora de local em que os corpos dos ímpios seriam lançados (Jr 7.29-34; 19.6-9; 32.35): "Por isso, certamente vêm os dias [...] em que não mais chamarão este lugar [...] vale de Ben-Hinom, mas vale da Matança" (Jr 7.32). Os judeus do período intertestamentário adotaram essa metáfora e seguiram com ela. A palavra *geena* foi amplamente usada por judeus da época de Jesus como referência ao lugar ardente de julgamento para o ímpio no final dos tempos, como já vimos.[30]

Para os judeus do século 1, a violenta imagem de malfeitores sendo punidos no vale de Hinom fornecia uma analogia apropriada para a punição de Deus ao ímpio no inferno. Uma vez que Jesus viveu e ensinou nesse cenário, suas referências abrangentes à geena deveriam ter o mesmo sentido, a menos que ele especificasse que tinha outra coisa em mente (uma questão que exploraremos no próximo capítulo).

Entender o judaísmo do primeiro século, e aquilo em acreditavam esses judeus em relação ao inferno, nos prepara para compreender o ensinamento de Jesus sobre o assunto no contexto dele. Ao caminhar para o próximo capítulo, precisamos nos fazer uma pergunta muito importante: *Jesus afirmou ou rejeitou aquela crença no inferno tão disseminada no século 1?*

CAPÍTULO 3

O que Jesus realmente disse sobre o inferno

ESCREVO ESTE CAPÍTULO SENTADO no meio de uma loja lotada da rede de cafeteria Starbucks. Todas as vezes que tiro os olhos da tela do computador, vejo que estou cercado por consumidores sedentos correndo até o balcão para pegar um *latte*, um chá gelado ou um *mocha*. Essas pessoas estão felizes, ocupadas, desfrutando a vida, rindo, batendo papo e, claro, se comunicando. Duas mães parecem ter acabado de fazer uma caminhada e sentam-se ao meu lado, comentando sobre sua vida. Outro casal acaba de sair. Estavam absorvidos em si mesmos; um típico casal jovem, despreocupado. A última garota na fila parece triste. *Muito triste*. Fico pensando no que acabou de acontecer com ela. E quanto aos funcionários? Estão felizes? Alguns parecem estar, mas outros não.

Alegria, riso, café, animação, comunicação, conversas, paquera, amizade, depressão e a esperança de ficar livre dela um dia. Isso é vida! Eu adoro — e as pessoas também.

O lugar transborda vida. Enquanto isso, estou sentado aqui, lendo uma porção de passagens bíblicas, todas elas dizendo que *algumas dessas pessoas vão para o inferno*. Fico chateado por afirmar isso, e não consigo expressar minha angústia neste exato momento. Há pelo menos uma dúzia de pessoas a três metros de mim, aqui e agora, que podem ir para o local de agonia que estou estudando. O que faço? Continuo escrevendo? Continuo estudando? Devo deixar esse livro de lado e começar a puxar conversa com elas? Como é possível acreditar nessas passagens e ficar sentado aqui silenciosamente? Sei que alguns de vocês já enfrentaram o mesmo conflito. Bem agora, durante sua leitura, provavelmente haja pessoas a alguns metros que também podem acabar no inferno. O que você vai fazer? Talvez o Senhor queira que você coloque o livro de lado.

Encarar essas passagens sobre o inferno e fazer perguntas difíceis como essa é um processo angustiante.

Sou arrebatado de volta a uma dura realidade: não é só uma questão de doutrina; tem a ver com destinos. E se você, que lê este livro, tem resistência às passagens bíblicas sobre inferno, não faça deste um mero exercício intelectual. Deixe que o ensinamento bastante real de Jesus sobre o inferno o desperte. Permita que suas palavras reconfigurem sua maneira de viver, falar e enxergar o mundo e as pessoas ao seu redor.

Jesus fala sobre o inferno

No capítulo anterior, fizemos uma viagem pelo mundo de Jesus e vimos que, sem dúvida, os judeus do século 1 acreditavam no inferno. Para eles, o inferno era um lugar em que o ímpio seria punido depois de ter passado pelo julgamento de Deus. Usavam várias imagens para descrever esse inferno, como fogo, trevas e lamentação. Alguns judeus criam que o ímpio seria aniquilado depois de ser lançado no inferno, enquanto outros descreviam o inferno como lugar de tormento incessante.

Agora, entra em cena um rabi judeu chamado Yeshua, ou Jesus. Com base em tudo o que sabemos sobre Jesus, era de esperar que ele fosse mais compassivo ao abordar o conceito de vida após a morte, certo? Podemos pensar nos fariseus, que pareciam aproveitar cada oportunidade para tornar a lei do Antigo Testamento o mais dura possível. Uma porção significativa do ensinamento de Jesus foi dedicada a libertar as pessoas do jugo insuportável dos fariseus. Jesus certamente se afastou daquelas imagens terríveis e enfatizou o amor de Deus ao falar sobre o dia do juízo, não é?

Não exatamente. Na verdade, não mesmo.

Jesus cresceu no mundo das crenças descritas no capítulo anterior. Era de esperar que suas convicções sobre o inferno fossem as mesmas da maioria dos judeus. E se ele não o fez — se Jesus rejeitou a crença judaica recorrente sobre o inferno —, então ele certamente precisaria ser claro em relação a isso.

Essa última frase é muito importante. É melhor lê-la outra vez.

Em outras palavras, se a visão de inferno apresentada no capítulo anterior não era a mesma de Jesus, então ele teria de ter argumentado *contra ela*, de maneira clara e deliberada. Lembre-se de que Jesus certamente não tinha medo de ir contra as ideias comumente defendidas pelos judeus, como a visão que tinham sobre o divórcio (Mt 5.32; 19.9), o perdão (Mt 18.21-22), a riqueza (Lc 18–19) e as leis sobre o sábado (Mc 3.1-6). Portanto, podemos estar certos de que, se Jesus não contrariou a visão judaica sobre o inferno, não foi por medo de fazê-lo.

Deste modo, vamos tirar o foco do mundo de Jesus e colocá-lo naquilo que o próprio Jesus declarou sobre o inferno. O que estamos prestes a ver é que sua visão sobre o inferno se alinha com a visão judaica dominante no primeiro século. Para mostrar isso, analisaremos as palavras de Jesus por meio das mesmas categorias usadas no capítulo anterior. Para Jesus,

1. o inferno é um lugar de punição após o juízo;
2. o inferno é descrito por meio de imagens como fogo, trevas e pranto;
3. o inferno é um lugar de aniquilação e de punição eterna.

O inferno é um lugar de punição após o juízo

Jesus usa a palavra *geena* (traduzida por *inferno*) doze vezes nos evangelhos. Ele também faz uso de imagens de fogo e trevas em contextos nos quais o que está em vista é a punição após o juízo. Uma rápida olhada nessas declarações mostra que, tal como seus contemporâneos judeus, Jesus cria que um lugar horrível de punição espera pelo ímpio no dia do julgamento.

O exemplo mais claro é Mateus 25.31-46, o relato mais longo e detalhado sobre o dia do julgamento apresentado nos quatro evangelhos. Jesus começa assim:

> "Quando o Filho do homem vier em sua glória, com todos os anjos, assentar-se-á em seu trono na glória celestial. Todas as nações serão reunidas diante dele, e ele separará umas das outras como o pastor separa as ovelhas dos bodes".
>
> Mateus 25.31-32

Analisaremos essa passagem com mais detalhes quando nos aproximarmos do final deste capítulo. Por ora, é importante notar que o evento em questão é o dia do juízo, que ocorrerá quando Cristo voltar. Depois de analisar os fatos (v. 33-45),

Jesus dará o veredicto: os que creem serão recompensados com a vida eterna, enquanto os que não creem receberão a punição eterna. Embora a palavra *inferno* (geena) não seja usada aqui, o *conceito* de inferno é transmitido pelas expressões "fogo eterno" (v. 41) e "castigo eterno" (v. 46).[1]

Outra passagem em que a palavra *inferno* é usada no contexto de julgamento é Mateus 5. Boa parte do capítulo fala sobre o resultado potencialmente devastador de ser julgado em um tribunal terreno. Mas Jesus vai além e garante que o tribunal de Deus será muito pior, pois, neste, o Juiz tem o poder de sentenciar o réu ao "fogo do inferno [geena]" (Mt 5.22). Essa não é uma menção vaga ao inferno, e certamente não se trata de uma referência a um depósito de lixo. O contexto judicial dessa declaração assegura que Jesus está se referindo às consequências do dia do julgamento.

Temos aqui outra passagem em que geena é usada no contexto do julgamento futuro de Deus:

> "Serpentes! Raça de víboras! Como vocês escaparão da condenação ao inferno?".
>
> Mateus 23.33

A expressão *condenação ao inferno*, mais uma, nos remete ao ambiente de um tribunal. Como temos visto, o inferno é reservado como lugar de punição ao ímpio (neste caso, aos mestres da lei e aos fariseus). Jesus não está usando a palavra *inferno* para descrever "as experiências e as consequências bastante reais de se rejeitar a bondade e a humanidade que nos foram dadas por Deus".[2] Sim, uma vida de pecado certamente traz experiências terríveis na vida: a cobiça destrói relacionamentos, a ira leva à violência, a avareza leva ao divórcio. Sem dúvida. Mas não é disso que Jesus está falando. Quando Jesus usa expressões conhecidas, como "geena de fogo", em contextos judiciais como esse, ele está se referindo a um lugar literal de punição após o julgamento. Ele fala de inferno.

O inferno é descrito por meio de imagens como fogo, trevas e pranto

Tal como seus contemporâneos judeus, Jesus usou várias vezes a ilustração do fogo para descrever o inferno. Aqui estão alguns exemplos extraídos de Mateus 13. Enquanto conta uma parábola sobre *trigo* e *joio*, ele acrescenta:

> "Deixem que cresçam juntos até a colheita. Então direi aos encarregados da colheita: Juntem primeiro o joio e amarrem-no em feixes para ser queimado; depois juntem o trigo e guardem-no no meu celeiro".
>
> Mateus 13.30

Considerado isoladamente, esse versículo expressa pouca coisa, mas Jesus segue adiante e explica a parábola, esclarecendo sua metáfora sobre queimar o joio:

> "Assim como o joio é colhido e queimado no fogo, assim também acontecerá no fim desta era. O Filho do homem enviará os seus anjos, e eles tirarão do seu Reino tudo o que faz tropeçar e todos os que praticam o mal. Eles os *lançarão na fornalha ardente, onde haverá choro e ranger de dentes.* Então os justos brilharão como o sol no Reino de seu Pai".
>
> Mateus 13.40-43[3]

As declarações de Jesus são assustadoras. Embora seja difícil de aceitar, a cena de *choro* quando o ímpio é lançado no inferno (a "fornalha ardente") é comum entre os autores judeus do século 1. Mais uma vez, Jesus se harmoniza com seu próprio contexto, fazendo uso dessa imagem.[4]

Apenas alguns versículos depois, Jesus reafirma:

> "Assim acontecerá no fim desta era. Os anjos virão, separarão os perversos dos justos e *lançarão aqueles na fornalha ardente, onde haverá choro e ranger de dentes*".
>
> Mateus 13.49-50

O que Jesus descreve aqui não é o inferno na terra, que provém das decisões ruins que tomamos durante esta vida; tampouco é a festa sem fim que o AC/DC descreve em sua música. O inferno é o lugar em que, no final dos tempos, serão punidos todos os "fora da lei" que não seguem Jesus nesta vida.

Mais uma vez, Jesus falou:

> "Se a sua mão ou o seu pé o fizerem tropeçar, corte-os e jogue-os fora. É melhor entrar na vida mutilado ou aleijado do que, tendo as duas mãos ou os dois pés, ser lançado no fogo eterno. E se o seu olho o fizer tropeçar, arranque-o e jogue-o fora. É melhor entrar na vida com um só olho do que, tendo os dois olhos, ser lançado no fogo do inferno [geena]".
>
> Mateus 18.8-9

Essas imagens de "fogo eterno" e "fogo do inferno" eram típicas do século 1. Jesus usou esse vocabulário comum para transmitir uma mensagem inequívoca: nenhum judeu teria coçado a cabeça tentando entender o significado das palavras de Jesus. O fogo eterno da geena é um lugar de punição para todo aquele que não segue Jesus nesta vida.

Tal como outros autores judeus de sua época, Jesus também usou a imagem das *trevas* para descrever o inferno. Em Mateus 8 ele declara:

> "Eu lhes digo que muitos virão do oriente e do ocidente, e se sentarão à mesa com Abraão, Isaque e Jacó no Reino dos céus. Mas os súditos do Reino serão lançados *para fora, nas trevas*, onde haverá choro e ranger de dentes".
>
> Mateus 8.11-12

Essa passagem é uma crítica ao povo judeu, que pensava que sua origem étnica poderia lhe garantir um lugar no reino. De maneira impressionante, Jesus afirma que muitos gentios (os que "virão do oriente e do ocidente") chegarão ao reino, enquanto muitos judeus (os "súditos do Reino") não entrarão nele porque não seguiram Jesus.[5] Jesus usa as ilustrações judaicas conhecidas de *trevas* e *choro* para se referir ao dia do julgamento e às suas consequências. Nenhuma pessoa que vivia no mundo do século 1 entenderia de outra forma as citações de trevas e choro, como vimos no capítulo anterior.

Jesus usou o mesmo conjunto de imagens no final de outra parábola que contou pouco antes de ser morto:

> "Então o rei disse aos que serviam: 'Amarrem-lhe as mãos e os pés, e lancem-no para fora, nas trevas; ali haverá choro e ranger de dentes'".
>
> Mateus 22.13

E mais uma vez, em outra parábola:

> "'E lancem fora o servo inútil, nas trevas, onde haverá choro e ranger de dentes'".
>
> Mateus 25.30

Trevas, choro e ranger de dentes — são essas as imagens que os judeus comumente utilizavam para aludir ao inferno. Novamente, Jesus se refere a um lugar de punição, de modo semelhante aos seus contemporâneos do século 1. Também é importante reconhecer que não há nada nessas passagens que dê esperança de uma segunda, terceira ou quarta chance de arrependimento após a morte.

A próxima categoria é mais difícil de se avaliar. Jesus acreditava que o ímpio seria aniquilado ou que sofreria punição incessante no inferno?

O inferno é um lugar de aniquilação e de punição eterna

Às vezes, Jesus parece deixar subentendido que o inferno não durará muito tempo. "Tenham medo daquele que pode *destruir* tanto a alma como o corpo no inferno", adverte Jesus (Mt 10.28). *Destruir*, não queimar para sempre. Essa linguagem de destruição é comum não apenas nas palavras de Jesus, mas também por todas as cartas de Paulo (cf. o capítulo 4). Contudo, há uma passagem significativa na qual Jesus parece falar do inferno como lugar de punição incessante, onde os descrentes sofrerão dor horrível e agonizante.

Porém, antes de prosseguirmos, preciso dar duas palavras de advertência.

Primeiramente, creio que é benéfico mergulhar no significado preciso das palavras e da gramática grega, no entanto isso pode ser mais técnico do que alguns estão acostumados. Ainda que a tradução bíblica seja clara, creio que seria bom mostrar que está amparada pelo texto grego. O ponto em questão é crucial, e não pode ser analisado sem um estudo rigoroso, humilde e intenso da infalível Palavra de Deus. Portanto, será preciso diminuir a velocidade, arregaçar as mangas e nos aprofundar em alguns dos textos-chave no restante deste capítulo.

Segundo, não percamos de vista nosso assunto. Se tudo o que conseguirmos for apenas descobrir a duração do inferno e nada mais, então o trabalho foi em vão. Tendo isso em mente, voltemos à Bíblia com a percepção solene de que o que lemos é verdadeiro. Essas palavras têm implicações reais para pessoas reais, com destinos reais.

Em várias ocasiões Jesus fez afirmações que podem sugerir uma punição sem fim, muito embora essas passagens em si sejam inconclusivas. Como vimos, por exemplo, Jesus diz que o ímpio será lançado no "fogo eterno" (Mt 18.8), mas é o fogo ou o sofrimento que é eterno? A passagem não especifica. Do mesmo modo, em Marcos 9, Jesus descreve o fogo do inferno como um fogo que "não se apaga" e que "o seu verme não morre" (v. 44, 48). Pode ser uma referência a uma punição incessante, entretanto é preciso cautela. Nessa ocasião, Jesus alude a Isaías 66.24 (verme que não morre, fogo que não se apaga), e Isaías provavelmente não pensava em punição eterna.[6] Outra passagem que às vezes é citada para provar a existência de punição eterna é a parábola do homem rico e Lázaro, em Lucas 16. A parábola, porém, não remete ao estado final do ímpio, somente ao estado temporário no qual ele aguarda julgamento.[7]

Em quase todas as passagens nas quais Jesus menciona o inferno, não está explícita sua duração eterna. Jesus fala de tormento, e temos a impressão de que o inferno é terrível, que é um lugar a ser evitado a todo custo, mas Jesus não nos conta claramente qual será a sua duração.

A declaração mais sugestiva de Jesus — talvez sua única — sobre a duração do inferno aparece em Mateus 25. Aqui, Jesus fala sobre o juízo final que acontecerá em sua segunda vinda (v. 31). As ovelhas (os que creem em Jesus) e os bodes (os que não creem) estão divididos em dois campos, e Jesus decide quem é quem com base naquilo que as pessoas fizeram em sua vida. As ovelhas serviram a Jesus ao vestir o que não tinha roupas, alimentar o faminto, dar de beber ao sedento, e assim por diante, enquanto os bodes não fizeram essas coisas. Jesus então lhes dá seu veredicto:

> "Então ele dirá aos que estiverem à sua esquerda: 'Malditos, apartem-se de mim para o *fogo eterno*, preparado para o Diabo e os seus anjos'".
>
> Mateus 25.41

Jesus revisa o comportamento deles na terra e encontra evidências convincentes para sua condenação (v. 42-44) . Então, conclui:

> "Digo-lhes a verdade: O que vocês deixaram de fazer a alguns destes mais pequeninos, também a mim deixaram de fazê-lo. E estes irão para o *castigo eterno*, mas os justos para a vida eterna".
>
> Mateus 25.45-46

As duas expressões de maior destaque são "fogo eterno" (v. 41) e "castigo eterno" (v. 46). Uma leitura simples dessas expressões parece sugerir que o inferno não tem fim. Mas, antes de tirarmos conclusões precipitadas, precisamos olhar mais de perto as palavras gregas que estão por trás da tradução para o português, pois já se defendeu que elas não significam realmente o que consta da tradução. Algumas pessoas, por exemplo, que dizem que o inferno não durará para sempre argumentam que as palavras gregas traduzidas por "castigo eterno" — *aionios kolasis* — não significam que a punição será eterna. Em vez disso, alguns já defenderam que *aionios* significa "um período de tempo", enquanto *kolasis* é um termo da horticultura que significa *podar* ou *aparar*. Por exemplo:

> Um *aionios* de *kolasis*. Dependendo de como se traduz *aionios* e *kolasis*, então, a frase pode significar "um período de poda" ou "um tempo de aparagem", ou uma experiência intensa de correção.[8]

O argumento segue da seguinte forma: o propósito de "correção" ou "poda", naturalmente, é o de melhorar, de incentivar seu pleno potencial. Ou, nesse contexto, de corrigir o ímpio por seu mau comportamento até que ele não seja mais ímpio. Portanto, de acordo com essa linha de argumentação, Jesus não fala aqui de punição eterna para o ímpio; pelo contrário, fala de um tempo de correção cujo propósito é, no fim, salvar aqueles que sofrem punição.[9] Durante esse tempo, existiriam "infindáveis oportunidades, numa quantidade infinita de tempo, para que as pessoas digam sim a Deus".[10]

Uma parte de mim quer acreditar que isso é verdade. Essa argumentação parece conciliar o amor de Deus com as duras palavras de Jesus sobre o inferno. Mas será que esse é o verdadeiro significado da expressão *aionios kolasis*? Era isso o que Jesus estava dizendo em Mateus 25.46?

Creio que não, e explico por quê. Vamos analisar primeiramente a palavra *kolasis*. Ela significa *correção* ou *punição*? Por três razões, a palavra significa *punição*.

Primeiramente, a palavra *kolasis* só é usada em três outras ocasiões no Novo Testamento e, em todas elas, trata claramente de punição. Além disso, é usada na literatura judaica produzida na época do Novo Testamento com o mesmo significado.[11] Sendo assim, quando os judeus ouviam Jesus falando nesses termos, pensavam em "punição", não em "correção".[12]

Em segundo lugar, o "castigo eterno" (*aionios kolasis*) é o mesmo destino citado no versículo 41, o "fogo eterno, preparado para o Diabo e os seus anjos". É ali que os bodes, ou descrentes, serão lançados. Caso se entenda que, nesse lugar, o descrente passa por um período de correção para ser salvo, então deve-se supor a mesma coisa em relação ao diabo e seus anjos. Contudo, seria um distanciamento enorme, especialmente à luz de Apocalipse 19–20, em que se lê que o diabo e seus anjos serão atormentados para todo o sempre. Desse modo, Jesus de fato declara que os descrentes compartilharão do mesmo destino que o diabo e seus demônios.

Em terceiro lugar, Jesus costuma se referir ao "inferno", à "fornalha ardente" ou ao "fogo eterno" como local de *retribuição*: um lugar em que os pecadores serão punidos por seus pecados, como vimos. Nessas passagens (Mt 13.41-42,49-50), Jesus não fala sobre correção. Desse modo, quem afirma que o inferno é corretivo deve argumentar que Jesus tem em mente algo bastante diferente quando fala sobre "fogo eterno" e "*kolasis* eterno" em Mateus 25.46. Mas essa hipótese é bastante improvável.

Pesquisei 10 comentaristas de diferentes correntes teológicas, e 15 traduções da Bíblia em 5 idiomas diferentes em busca da palavra *kolasis*. Queria realmente verificar se outros acadêmicos bíblicos concordam com o que eu disse acima. Descobri que todos eles traduzem *kolasis* por punição (ou *strafe*, ou castigo, ou наказание, ou 刑).[13] Tradutores e comentaristas não são infalíveis, mas um consenso tão diversificado e universal deve gerar enorme cautela.

Parece claro que Jesus estava se referindo a um "castigo *aionios*" em Mateus 25.46, não a uma "correção *aionios*".

E quanto à palavra *aionios*? Os acadêmicos bíblicos vêm debatendo por séculos o significado desse termo, de modo que não vamos resolver a questão aqui.[14] É importante notar que, seja qual for a tradução de *aionios*, a passagem ainda se refere à punição para o ímpio, algo que os universalistas negam.

Em poucas palavras, *aionios* pode significar, entre outras coisas, *por toda a vida*, *contínuo* ou *duradouro*. Nas duas vezes em que é usada em Mateus 25.46 ("castigo *aionios*" e "vida *aionios*"), a palavra provavelmente significa *eterno* em ambos os casos.[15] Digo isso por duas razões.

Primeiramente, o contraste entre "castigo *aionios*" e "vida *aionios*" engloba a noção de tempo sem fim. Embora seja verdade que *aionios* nem sempre signifique *eterno*, quando usado aqui para descrever coisas na *era futura*, é bem provável que tenha mesmo esse significado. Pense nisto: *porque* a vida nessa era nunca cessará, dado o paralelo, a punição nessa era também parece não ter fim.

Segundo, é dito que a punição será no "fogo eterno [*aionios*], preparado para o Diabo e os seus anjos" (Mt 25.41). Sabemos, com base em outras passagens das Escrituras, que o diabo e seus anjos sofrerão *para todo o sempre* (cf. Ap 20.10). Portanto, quando Jesus declara que os descrentes irão para o mesmo lugar e sofrerão a mesma punição, a conclusão lógica é que essa punição também não terá fim.[16]

Sendo assim, aonde eu chego?

O debate sobre a duração do inferno é muito mais complexo do que presumi inicialmente. Embora eu esteja muito propenso para o lado que defende sua eternidade, não estou pronto para afirmar isso com certeza completa. Quero incentivá-lo a continuar pesquisando, mas não se envolva demais nesse debate a ponto de perder de vista o que Jesus tentava comunicar. Cheguei até mesmo a apagar várias páginas que escrevi sobre a questão porque tive medo de que isso provocasse um desvio do cerne da mensagem de Cristo.

Jesus escolheu uma linguagem forte e aterrorizante quando falou do inferno. Creio que ele optou por falar dessa forma porque nos ama e quer nos advertir. Portanto, não vamos nos confundir: ele falou sobre o inferno como um lugar horrível, caracterizado por sofrimento, fogo, trevas e lamentação. Creio que sua intenção foi despertar tamanho temor que nos fizesse levar o inferno a sério e evitá-lo a qualquer custo.

Fiquei um pouco surpreso diante de tantas declarações duras que Jesus fez sobre o inferno. É bem possível que isso tenha me pegado de surpresa, porque estou mais acostumado a ouvir as pessoas enfatizarem suas palavras de bênção, não suas palavras de advertência. Algumas delas podem tê-lo chocado, mas gostaria que considerasse o pensamento a seguir.

Estamos limitados pelas palavras do Criador, aquele que fará o que é certo. Aquele que determinou a justiça e que sabe perfeitamente o que o descrente merece. Deus nunca nos pediu para compreender sua justiça ou para verificar se sua maneira de fazer as coisas é moralmente correta. Ele apenas nos pediu para abraçar sua Palavra e dobrar nossos joelhos, para tremer diante de sua Palavra, como o profeta prediz em Isaías 66.2.

Não se preocupe tanto em decifrar a ponto de esquecer-se de tremer.

CAPÍTULO 4

O que os seguidores de Jesus disseram sobre o inferno

Como vimos no capítulo anterior, Jesus concordava com seus contemporâneos judeus quanto à realidade do inferno. Mas o que pensavam as pessoas que vieram depois dele? Elas imitaram seu exemplo ao falar abertamente sobre a punição para o ímpio? Há duas razões para que se responda a essa pergunta tão importante. Em primeiro lugar, se chega mais facilmente a algumas conclusões se outros autores do Novo Testamento tiverem feito declarações similares às de Jesus. Segundo, isso nos ajuda a entender o exemplo que foi estabelecido para nós. Em outras palavras, se Jesus e seus primeiros seguidores falaram ousadamente sobre o inferno, então não deveríamos fazer o mesmo?

Sendo assim, neste capítulo exploraremos outros livros e cartas do Novo Testamento para verificar o que eles dizem sobre o inferno.

O inferno nas cartas de Paulo, Pedro e Judas

Começaremos examinando a visão de Paulo sobre o inferno. A primeira coisa a notar, entretanto, é que essa palavra não aparece em suas cartas. Percebeu o que eu disse? Em todas as suas 13 cartas, Paulo *nunca* usou a palavra *inferno*. Concentrando-se apenas nessa verdade, pode-se concluir que Paulo evitou a questão.

Ainda assim, Paulo se referiu ao destino do ímpio mais do que qualquer outro autor do Novo Testamento. Embora nunca tivesse usado a palavra *inferno*, ele falou de "morte" como resultado do pecado, por meio da qual o ímpio "pereceria" ou "seria destruído" pela "ira" de Deus. De acordo com Paulo, o pecador está "condenado" e será "julgado" por Deus por conta de seu pecado. E, a não ser que o pecador se arrependa e se volte para Cristo, ele será "punido" por Deus quando Cristo voltar. Paulo descreveu o destino do ímpio com palavras como "perecer, destruir, ira, pena" e outras em mais de 80 ocasiões em suas 13 cartas.[1] Em termos de comparação, Paulo, em suas cartas, fez mais referência ao destino do ímpio do que ao perdão, à misericórdia de Deus e ao céu juntos.[2] Portanto, muito embora Paulo nunca tenha usado de fato a palavra *inferno*, nem descrito o lugar em nenhum nível de detalhe, ele certamente acreditava que o ímpio enfrentaria um destino horrível se permanecesse no pecado.

Seria preciso muita criatividade e muito esforço para apagar todas as noções de ira e punição das cartas de Paulo.

O esforço de Paulo em alcançar os descrentes me condena. Já me senti até culpado enquanto lia sobre o sofrimento que ele suportou para compartilhar o evangelho. Quando me deparo com o que Paulo escreveu sobre a punição do ímpio, tenho mais facilidade de entender como ele permanecia tão motivado. Será que sua motivação para alcançar os perdidos estava diretamente relacionada à sua disposição de considerar o destino deles, caso não fossem alcançados? Parece que sim.

Isso explicaria o estranho sermão de Paulo em Atos 17. Nesse capítulo, vemos Paulo se colocando diante de uma plateia completamente pagã (em vez de judaica), que não tinha qualquer conhecimento sobre Jesus, o Antigo Testamento, o Deus de Israel ou qualquer outro ponto de conexão com o evangelho. Paulo se levanta e usa apenas alguns minutos para entregar uma mensagem, para compartilhar as boas-novas com eles. O que ele faz? Fala de julgamento. Menciona várias outras coisas, e até mesmo cita alguns dos poetas dos próprios gregos (v. 28), mas, quando a história chega ao auge, Paulo prega que Deus os julgaria se eles não se arrependessem:

> [Deus] ordena que todos, em todo lugar, se arrependam. Pois estabeleceu um dia em que há de julgar o mundo com justiça, por meio do homem que designou. E deu provas disso a todos, ressuscitando-o dentre os mortos.
>
> Atos 17.30-31

Não há cruz, expiação, graça, testemunho de conversão e nada de "Deus ama você e tem um plano maravilhoso para sua vida". Não que essas coisas sejam desnecessárias; o próprio Paulo tratará disso em outras ocasiões. Mas o que aquelas pessoas precisavam ouvir era que Jesus fora ressuscitado dos mortos e iria julgá-las se não se arrependessem.

Como a maioria de vocês, fico irritado diante daqueles pregadores de rua que enfatizam a ira e o julgamento. Gostaria que eles falassem mais sobre graça e amor. Às vezes fico pensando se eles não fazem mais mal do que bem. Contudo, enquanto fico sentado na cadeira julgando a eficácia deles, devo admitir que o sermão de Paulo em Atos 17 é terrivelmente parecido com o do pregador que ouvi gritando na praia na semana passada!

A questão é a seguinte: embora grande parte de nossa cultura eclesiástica creia que essa conversa de ira e julgamento seja tóxica e desamorosa, Paulo aparentemente não tinha problema com essas coisas. O fato é que Paulo acreditava que essas eram verdades essenciais. De modo similar a João Batista e a Jesus, Paulo cria que advertir as pessoas sobre a ira futura era sim uma demonstração de amor. Se meu filho de 2 anos saísse correndo pela rua, seria desamoroso adverti-lo da destruição o atingindo na forma de um caminhão de mudança? Alguém criticaria o bombeiro por acordar uma família para resgatar todos de uma casa em chamas? Alguém culparia um médico por revelar a uma pessoa que ela tem um câncer que deve ser tratado se ela deseja viver?

Não há dúvidas de que muitos cristãos abusaram das ideias de ira e de julgamento. Eu tinha 12 anos quando ouvi um dos primeiros sermões que consegui entender. Um pregador gritava do púlpito, falando sobre os horrores do inferno. Ele então nos advertiu de não rejeitar Jesus, e suas palavras exatas foram: "Seria melhor você arrancar sua língua com uma mordida e jogá-la fora!". É bem provável que todos nós tenhamos sido expostos a esses pregadores ansiosos por pregar a todos que se arrependam, que só falam sobre juízo e ira, sem nunca mencionar amor, perdão, compaixão e misericórdia. A Bíblia pinta um quadro muito maior de Deus, da vida e do evangelho do que simplesmente juízo e necessidade de arrependimento. Lembre-se de que são *boas*-novas.

Não é porque alguns pesaram a mão na mensagem de ira e juízo que devemos ir na direção oposta e abolir o que as Escrituras enfatizam. Deus é compassivo e justo, amoroso e santo, irado e perdoador. Não podemos ignorar seus atributos mais duros para abrir espaço para os mais palatáveis.

Voltemos a Paulo.

Eu disse anteriormente que Paulo nunca escreveu sobre o inferno em detalhes. Contudo, existe uma passagem na qual ele chega bem perto, um trecho que brilha de paixão e urgência sobre a segunda vinda de Cristo e a ira que a sucede:

> É justo da parte de Deus retribuir com tribulação aos que lhes causam tribulação, e dar alívio a vocês, que estão sendo atribulados, e a nós também. Isso acontecerá quando o Senhor Jesus for revelado lá dos céus, com os seus anjos poderosos, em meio a chamas flamejantes. Ele punirá os que não conhecem a Deus e os que não obedecem ao evangelho de nosso Senhor Jesus. Eles sofrerão a pena de destruição eterna, a separação da presença do Senhor e da majestade do seu poder.
>
> 2Tessalonicenses 1.6-9

Existem várias coisas a notar nesta passagem. Primeiro, a ira de Jesus mostrada aqui é *retributiva*, não *corretiva*. Em outras palavras, a ira não tem o propósito de corrigir o comportamento daqueles que se opõem a Cristo para torná-los aptos à salvação. Em vez disso, a ira é um ato de — ouso dizer — vingança. De fato, essa é a palavra exata que Paulo usa. Cristo "infligirá vingança àqueles que não conhecem Deus" e não "obedecem ao evangelho de nosso Senhor Jesus".[3] Segundo, à luz dessa última frase, Paulo não tem em vista um grupo seleto de pessoas. Aqueles que não conhecem Deus ou que não obedecem ao evangelho incluem todos os que não seguem Jesus. Por mais inocentes que as pessoas possam parecer, Paulo diz que, se elas não conhecerem Deus e não obedecerem ao evangelho, então enfrentarão a ira vingativa de Deus quando Jesus voltar.[4]

Enquanto leio esses versículos, fico surpreso ao perceber como sou alérgico a repetir as mesmas palavras que Paulo escreveu. Aflição, vingança, punição, destruição para todos os que não seguem Jesus. Não estou certo de um dia já ter usado a palavra *vingança* para descrever o destino dos que não creem. Em meu desejo de me distanciar dos cristãos sádicos que se deleitam com a ideia de ira e punição, posso ter passado do limite. Recusar-se a pregar uma passagem das Escrituras é tão errado quanto abusar dela.

De fato, creio que é hora de alguns de nós parar de pedir desculpas *por* Deus e começar a pedir desculpas *a* Deus por nos envergonharmos da maneira que ele escolheu para revelar a si mesmo.

O inferno em 2Pedro e em Judas

Além de Paulo, duas outras cartas falam intensamente sobre ira e julgamento. De fato, o capítulo 2 de 2Pedro, tomado isoladamente, parece um capítulo do *Inferno* de Dante, enquanto o livro de Judas se assemelha a um folheto medieval escrito para assustar camponeses e convencê-los a frequentar a igreja e dar o dízimo com frequência. Esses livros trazem termos relacionados a destruição (2Pe 2.1,3,12; 3.7,9; Jd 5,10,11), castigo (2Pe 2.9; Jd 7), juízo (2Pe 2.4,9; Jd 4), condenação (2Pe 2.3; Jd 4), inferno[5] (2Pe 2.4) e sofrimento retributivo (2Pe 2.13) — consequências que aguardam o incrédulo que não segue Jesus. O inferno é descrito como "escuridão das trevas" (2Pe 2.17; Jd 13) e "castigo do fogo eterno" (Jd 7,23), termos que seriam bastante familiares ao contexto judaico dos autores, como vimos anteriormente.[6]

Ora, esses livros enfatizam que o inferno está reservado aos anjos do mal e aos falsos mestres, que se deleitam em desejos carnais e distorcem o evangelho em busca de ganho financeiro (2Pe 2.1,4,15-16). Mas ambos os autores afirmam que a mesma punição está reservada a todos os ímpios (2Pe 2.9; Jd 14-15). Por mais desagradável que seja ler sobre essas imagens de ira e inferno, elas retratam uma parte importante da mensagem cristã: Deus punirá severamente aqueles que não dobrarem seus joelhos diante do Rei Jesus.

O inferno em Apocalipse

Apesar de tudo, nem mesmo 2Pedro e Judas se equiparam à descrição que João faz do inferno no livro de Apocalipse. Diante disso, vamos ao último livro da Bíblia.

A primeira descrição do inferno está em Apocalipse 14. Falando sobre o julgamento final de Deus, o autor escreve:

> "Se alguém adorar a besta e a sua imagem e receber a sua marca na testa ou na mão, também beberá do vinho do furor de Deus que foi derramado sem mistura no cálice da sua ira. Será ainda atormentado com enxofre ardente na presença dos santos anjos e do Cordeiro, e a fumaça do tormento de tais pessoas sobe para todo o sempre. Para todos os que adoram a besta e a sua imagem, e para quem recebe a marca do seu nome, não há descanso, dia e noite".
>
> Apocalipse 14.9-11

A ideia de "furor de Deus" e "ira", juntamente com a imagem de ser "atormentado com enxofre ardente [...] para todo o sempre", é aterrorizante.[7] Mas esse parece ser um tema importante em Apocalipse: *A ira de Deus é aterrorizante!* João não está tentando resolver a tensão entre essa imagem forte de punição e o Deus amoroso que morre por seus inimigos conforme descrito em Romanos 5. Em vez disso, João faz uma poderosa advertência: não se oponha a Deus!

Mais aterrorizante ainda é a natureza da punição: ela é constante, sem fim à vista. João não apenas prediz que as pessoas serão atormentadas "com enxofre ardente" (em vez de serem destruídas),[8] como vai adiante e relata que a fumaça do tormento dessas pessoas "sobe para todo o sempre". E, apenas para enfatizar a questão, ele adiciona a frase "para [elas] não há descanso, dia e noite".[9]

Mais uma vez, é muito fácil se ater a discussões, estudos semânticos e posições teológicas e, ao fazê-lo, desprezar o ponto principal. Isso aqui é real. Estamos falando do destino de pessoas reais. Tenhamos isso em mente ao olharmos para mais uma passagem de Apocalipse.

Nos capítulos finais do livro temos uma visão daquilo que acontecerá depois da volta de Cristo. João retrata uma bendita e eterna era de paz, alegria e vitória para todos aqueles que "seguem o Cordeiro". Não mais morte, tristeza, medo, mal, dor ou lágrimas — apenas uma vida contínua de bênçãos com o Criador em sua nova criação (21.1; 22.1-2). Esse é o destino de todo que o segue.

Contudo também há um futuro para aquele que não o segue. Veja como ele é descrito pelo autor:

> O Diabo, que as enganava, foi lançado no lago de fogo que arde com enxofre, onde já haviam sido lançados a besta e o

> falso profeta. Eles serão atormentados dia e noite, para todo o sempre.
>
> Apocalipse 20.10

Ao ler esse versículo, tenha em mente que Deus criou o diabo. Às vezes nos escondemos atrás de perguntas do tipo "de que maneira um Deus bom poderia criar alguém e, então, atormentar essa pessoa para sempre?". Contudo, poucas pessoas negam que ele fará isso a Satanás. Alguns até mesmo se alegram com o fato. A seguir, João descreve uma cena de julgamento, na qual ele vê

> os mortos, grandes e pequenos, em pé diante do trono, e livros foram abertos. [...] Os mortos foram julgados de acordo com o que tinham feito, segundo o que estava registrado nos livros. [...] e cada um foi julgado de acordo com o que tinha feito. Então a morte e o Hades foram lançados no lago de fogo. O lago de fogo é a segunda morte. Aqueles cujos nomes não foram encontrados no livro da vida foram lançados no lago de fogo.
>
> Apocalipse 20.12-15

Ainda que o destino do diabo, da besta e do falso profeta seja o lago de fogo, onde "serão atormentados dia e noite, para todo o sempre", João garante que os descrentes irão para o mesmo lugar. Estando no mesmo lugar, eles provavelmente sofrerão o mesmo castigo: punição incessante no lago de fogo. João repete isso no capítulo seguinte:

> "Mas os covardes, os incrédulos, os depravados, os assassinos, os que cometem imoralidade sexual, os que praticam

> feitiçaria, os idólatras e todos os mentirosos — o lugar deles será no lago de fogo que arde com enxofre. Esta é a segunda morte".
>
> Apocalipse 21.8

O lago de fogo é o destino final *tanto* do diabo quanto dos descrentes. Já vimos que a frase "atormentados dia e noite, para todo o sempre" se refere a uma punição sem fim para o ímpio. A mesma expressão "para todo o sempre" é usada para descrever o reinado do povo de Deus, que nunca terá fim (Ap 22.5). A ideia é também apoiada por Apocalipse 22.14, em que lemos que os redimidos por Cristo (isto é, "os que lavam as vestes") vivem na nova criação, enquanto "fora ficam os cães, os que praticam feitiçaria, os que cometem imoralidades sexuais, os assassinos, os idólatras e todos os que amam e praticam a mentira" (v. 15). Essa passagem retrata uma separação contínua entre os que creem e vivem na presença de Deus (v. 14) e os que não creem e ficam "de fora", ou separados da presença de Deus na nova criação.

Sendo assim, por que o lago de fogo é chamado de segunda *morte* se a sua punição é contínua? Isso não aponta para uma aniquilação final em vez de para o tormento contínuo para o ímpio? Ainda que a palavra *morte* em si possa sugerir finalização, ela é comumente usada por todo o Novo Testamento num sentido mais metafórico (não literal). Os autores do Novo Testamento, por exemplo, costumam se referir aos que não creem como "mortos" (referindo-se ao seu estado espiritual), muito embora estejam fisicamente vivos (Lc 15.24,32; Ef 2.1,12; Cl 2.13). Já vimos também que as expressões *para todo o sempre*, *atormentados* e *dia e noite* (Ap 14.10-11; 20.10) apontam para algo que não tem fim à vista. Portanto, parece melhor entender a palavra *morte* não em termos de aniquilação total, mas como uma descrição daqueles que serão separados de Deus para sempre num estado contínuo de punição.

Um estado... contínuo... de punição... Para todo aquele que não ama Jesus.

O que faz meu coração doer neste exato momento em que escrevo é que minha vida mostra poucas evidências de que eu creio mesmo nisso. Todas as vezes que meu pensamento vagueia na direção do futuro dos descrentes, rapidamente o coloco de lado para que não me estrague o dia. Entretanto, existe uma realidade aqui que não posso ignorar. No mesmo instante em que as conversas das pessoas ao meu redor enchem meus ouvidos, a verdade das Escrituras penetra em meu coração com sérias declarações sobre o destino daquelas pessoas. Podemos falar sobre o destino de alguma pessoa hipotética, mas, quando levanto os olhos e vejo o sorriso delas, preciso perguntar a mim mesmo se realmente acredito no que escrevi neste livro. O inferno é para valer. *E eu, sou?*

Adoraria pensar, como alguns já sugeriram, que na Bíblia de fato não há muita coisa sobre o inferno. Adoraria olhar nos olhos do meu amigo quando ele fizesse aquela pergunta que todos nós tememos — "Você acha que eu vou para o inferno?" — e responder: "Não! Esse lugar não existe! Jesus ama você e quer curar sua dor e transformar suas tristezas em alegria!".

Mas os autores do Novo Testamento não tinham a mesma reação alérgica ao inferno que eu tenho. Talvez eles tenham tido uma visão de Deus muito mais ampla do que a minha. Uma visão que aceita Deus e sua Palavra e não tenta fazê-los se encaixar em nossos próprios padrões morais e nosso sentimentalismo humano. Uma visão que acredita no que Deus diz, mesmo quando isso não faz muito sentido para nós.

CAPÍTULO 5

O que isso tem a ver comigo?

Se você é cristão e está pensando o que tem a ver com isso, então continue lendo.

Numa manhã dessas, levantei-me para continuar a escrever, como tenho feito nas últimas semanas, e decidi fazer algo diferente. Fechei meu *notebook* e simplesmente li todas as passagens bíblicas que falam sobre o inferno.

Não pensei em escrever; não tentei estudar todos os detalhes importantes do texto. Simplesmente deixei o Novo Testamento falar com todo o seu poder e sua simplicidade. Deus me chamou a atenção para algumas coisas chocantes, que descrevo a seguir.

Louco!

Jesus adverte que aquele que xingar seu irmão pode ir para o inferno (Mt 5.22). Ele não está advertindo bêbados, fumantes ou assassinos. Jesus prega que o fogo do inferno será para aqueles que têm a audácia de atacar outro ser humano com palavras duras. É irônico — na verdade, assustador — pensar que pessoas escreveram livros, pregaram sermões ou criaram *blogs* sobre o inferno, mas deixaram isso completamente de lado. Na verdade, ao fazer isso, alguns malharam seus irmãos cristãos simplesmente porque tinham uma visão diferente do inferno, deixando o propósito de Mateus 5 de lado: todo aquele que chamar seu irmão de louco pode ver-se como merecedor do inferno.

Você chamou algum irmão de louco ultimamente? Num blogue? No Facebook? No Twitter?

É muito comum que essas passagens sobre o inferno se tornem temas de debate e que as pessoas não reparem na advertência. Jesus não falou de inferno para que pudéssemos estudar, debater e escrever livros sobre o assunto. Ele nos deu essas passagens para que vivêssemos uma vida santa. Parem de difamar uns aos outros e vivam em paz e fraternidade. É óbvio que Jesus odeia ver irmãos atacando-se violentamente com palavras degradantes, que deixam de honrar as pessoas ao redor como belas criaturas que carregam em si a imagem de Deus.

Mas Jesus, nós não...?

E o que dizer de Mateus 7, provavelmente a passagem mais assustadora sobre o inferno de toda a Bíblia? O termo mais horrível dessa passagem não é *inferno*, não é *fogo*, *fornalha*, *julgamento*, *trevas*, *vermes* ou *tormento*. Na verdade, nenhuma dessas palavras sequer aparece nesse trecho. A palavra mais assustadora é *muitos*. Jesus explica: "*Muitos* me dirão naquele dia: 'Senhor, Senhor, não profetizamos em teu nome? Em teu nome não expulsamos demônios e não realizamos muitos milagres?'" (Mt 7.22). É o dia do juízo. É o fim. Não há segunda chance. É o último suspiro tranquilo que "muitos" darão antes de passar o resto da vida no inferno. Coloque-se ali por um instante. Adiante sua vida até aquele dia. Será que você será um dos que clamarão em desespero: "Senhor, Senhor, mas eu ____________ e ____________ e ____________ em teu nome!"?

Como Jesus responderá à sua lista de compras de atividades cristãs — seus cultos de Páscoa, suas ofertas, seus estudos bíblicos, seus almoços comunitários e suas conversões em acampamentos? Você tem certeza de que está do lado certo? Que provas tem de que *conhece* Jesus? Compreenda o que estou dizendo. Creio que faço essas perguntas pela mesma razão que Jesus fez aquela advertência. É a coisa mais amorosa que posso fazer! "Muitos" irão para o inferno, embora achassem que entrariam dançando no paraíso. Jesus dirá: "Nunca os *conheci*. Afastem-se de mim" (Mt 7.23).

De toda tribo e língua

Considere o racismo. Em muitas épocas e lugares, a Igreja cristã se colocou do lado errado dessa questão, o que é condenável, literalmente. "O que o racismo tem a ver com o inferno?", você pode perguntar. De acordo com Jesus, tem tudo a ver. Em Mateus 8, Jesus adverte acerca do inferno em relação ao racismo e ao etnocentrismo (a crença de que uma etnia é superior às demais). Todo o contexto dos capítulos 8 e 9 de Mateus retrata Jesus invertendo todas as concepções culturais e sociais dos judeus daquela época. Uma concepção era de que os judeus, o "povo de Deus", eram mais adequados ao reino do que todos aqueles outros pecadores indecentes — aqueles gentios, aqueles gregos, aqueles romanos. Em Mateus 8, porém, Jesus fica perplexo diante da fé que um *líder militar romano e gentio* demonstrou. Esse líder de alta patente teve a fé e a humildade de se submeter à autoridade de Jesus. E Jesus o aceitou como era: um *gentio*. Jesus aproveita esse encontro e profere uma mensagem sobre as muitas pessoas de todas as nações, cores e etnias que povoarão o reino. É aqui que Jesus expõe que os "súditos do reino" que acham que Deus valoriza uma etnia mais do que outra (nesse caso, o povo judeu) são condenados ao inferno: "Mas os súditos do Reino serão lançados para fora, nas trevas, onde haverá choro e ranger de dentes" (Mt 8.12). Os dentes que rangeram contra pessoas de outras raças rangerão na agonia do tormento eterno.

Por que apenas 5,5% das igrejas evangélicas norte-americanas podem ser consideradas multiétnicas (onde nenhuma etnia compõe mais de 80% da congregação)?[1] Por que isso acontece? Cinco e meio por cento! E deveríamos viver num cadinho, um lugar onde centenas de idiomas e cores costumam viver a poucos quilômetros — ou metros — uns dos outros. O mais triste em relação a isso é que, fora da igreja, as pessoas estão menos divididas em termos raciais. Considere as forças armadas, nossos locais de trabalho ou as equipes esportivas. Contudo, existem três lugares onde a divisão racial ainda persiste: nos bares, nas prisões e na igreja evangélica norte-americana.

Precisamos notar a gritante contradição em declarar nossa crença no inferno ao mesmo tempo que não fazemos esforço algum para derrubar os muros do racismo e da superioridade étnica. Se temos o desejo de levar as palavras de Jesus a sério, então precisamos nos esforçar mais na direção de abrir caminhos para a reconciliação e a unidade racial debaixo da bandeira do evangelho de Cristo. Um dia, Cristo voltará, e haverá um maravilhoso culto de adoração, com tambores africanos, cítaras indianas e uma orquestra de trompetes *mariachi*, no qual pessoas de toda tribo, língua, nação e raça dobrarão seus joelhos diante do Rei e *celebrarão*! Se isso lhe parece irritante, então volte e releia Mateus 8. Ele foi escrito para você.

Bem-aventurados são os pobres

E os pobres? Embora Jesus seja às vezes ambíguo em relação à natureza e à duração do inferno, ele é extremamente claro sobre a necessidade de alcançar os pobres. Contudo, muitos dos que pregam o fogo do inferno são bem alimentados e bem remunerados, vivendo no luxo, enquanto não fazem nada pela maioria de cristãos que vive com menos de 2 dólares por dia.[2] Contraste isso com Jesus que, em seu mais longo sermão sobre o juízo de Deus, fez da ajuda aos pobres um critério vital para decidir quem vai para onde.

Sendo bem objetivo, deixar de ajudar os pobres pode condená-lo ao inferno. Eu sei, eu sei, todo mundo quer fazer uma observação sobre isso. Queremos adicionar todo tipo de nota de rodapé para consertar a teologia questionável de Jesus em Mateus 25, como: a justificação é pela fé, não pelas obras; a ajuda não é aos pobres no sentido exato do termo etc. O irônico é que alguns defendem com unhas e dentes a literalidade das palavras de Jesus sobre o inferno nesta passagem e, ainda assim, suavizam o que ele fala sobre ajudar o pobre.[3]

Em contrapartida, alguns querem manter isso de ajudar os pobres, só que desejam tirar o inferno do quadro. Às vezes as pessoas até mesmo tiram Jesus da cena. Combater a pobreza, acreditam elas, é uma virtude inerente, esteja baseada no evangelho ou não.

Por que presumimos que precisa ser um ou outro? Preservemos as duas verdades. Existe um inferno literal, e ajudar os pobres é essencial. Jesus não apenas ensinou as duas verdades, como via ambas sendo necessárias e inter-relacionadas.

A LÍNGUA DE FOGO

Tiago não fala muito sobre o inferno em sua pequena epístola. De fato, a palavra *inferno* aparece ali apenas uma vez. Essa única ocorrência está direcionada a mim, uma pessoa que ensina a Bíblia. Entre as advertências que faz aos mestres, de que sofrerão um julgamento mais rigoroso (Tg 3.1), Tiago alerta que a língua é capaz de incendiar um bosque inteiro (v. 5). "A língua é um fogo", alegoriza Tiago, e ela é acesa pelo fogo do inferno (v. 6). Mais uma vez, pense nos mestres, naqueles que se levantam e comunicam a Palavra de Deus ao povo de Deus. É para esse contexto que Tiago reserva sua única advertência em relação ao inferno. Ele não adverte bêbados, ladrões ou adúlteros sobre a possibilidade de ir para o inferno. Não há dúvida de que Tiago concorda que os pecadores de todo tipo irão para o inferno; porém, por alguma razão específica, ele reserva sua única advertência explícita — e bastante pungente — para os que ensinam a Palavra de Deus.

O mesmo acontece com 2Pedro e Judas. Como vimos no capítulo anterior, essas pequenas cartas estão cheias de menções ao fogo do inferno e enfatizam que este é um lugar para os falsos mestres, aqueles que dizem falar em nome de Deus mas que, na verdade, falam por si mesmos. De acordo com Pedro e Judas, esses mestres estão entre nós, tirando proveito por meio de palavras falsas. Eles satisfazem a carne, desprezam a autoridade, são gananciosos, hipócritas e fazem que muitos se desviem. Falam muito sobre Deus, no entanto os deuses nos quais eles realmente se deleitam são seu próprio estômago e sua carteira. Pedro e Judas dizem que eles seguem para o inferno.

Morno e feliz

Como já vimos, as imagens mais terríveis do inferno aparecem no livro de Apocalipse. Vamos recordar o contexto no qual João escreveu esse livro. Não se trata de um folheto evangelístico escrito para descrentes. As passagens sobre o inferno presentes ali não foram planejadas para gerar conversões nem para atrair pessoas ao reino pelo medo. Foram planejadas para exortar os cristãos a manterem a fé no meio da adversidade. De fato, as descrições do inferno existentes em Apocalipse 14, 20 e 21 foram registradas, em primeiro lugar, tendo em mente as sete igrejas de Apocalipse 2 e 3. Naquelas igrejas havia os que abandonaram o primeiro amor (Ap 2.4), seguiram a heresia de falsos mestres (v. 20) e se tornarem complacentes e "mornos" em virtude da riqueza material que haviam ajuntado (3.15-17). É para pessoas desse tipo — pessoas que confessam Jesus com os lábios, mas o negam com suas ações — que Deus reserva as mais tocantes descrições do fogo do inferno e do enxofre.

Odeio dar a impressão de que estou sempre apontando a igreja dos Estados Unidos, mas é onde vivo. E já vi um número suficiente de igrejas em outros países para saber que nem todo mundo vive como nós. O fato é que poucos o fazem. Nós estamos perigosamente confortáveis; cristãos transbordando riqueza, deixando o vício do conforto e da segurança adormecer a urgência radical do evangelho. O que é encorajador é que parece haver um número cada vez maior de cristãos norte-americanos reconhecendo isso e mudando. Anime-se diante da declaração que Jesus fez ao abordar a igreja de Sardes. Ele se dirige aos "poucos" que se recusaram a sucumbir: "No entanto, você tem aí em Sardes uns poucos que não contaminaram as suas vestes. Eles andarão comigo, vestidos de branco, *pois são dignos*" (Ap 3.4).

Adoraria ouvir de Jesus estas palavras: "Você é digno". Você também não gostaria de ouvi-las?

Senhor, salve-nos

Racismo, ganância, confiança em coisas erradas, falso ensinamento, mau uso da riqueza e palavras degradantes direcionadas a outra pessoa — são essas as coisas que condenam uma pessoa ao inferno? De acordo com as Escrituras, a resposta é sim.

Que não deixemos de notar o propósito dessas advertências tão cheias de vida. Deus quer que façamos mais do que concordar intelectualmente com as palavras das Escrituras; ele quer que vivamos à luz delas. Tal como o médico do pronto-socorro que reanima o moribundo, a crença no inferno deve resgatar nosso coração complacente das garras da passividade.

> *Deus, ajude-me a superar meu egoísmo. Quero amar da maneira como o Senhor pede que eu ame. Não quero proferir outra palavra de insulto contra ninguém, nem mesmo de brincadeira. Quero impressionar meus inimigos com o amor cristão. Quero sacrificar-me alegremente pelos pobres e enxergar o Senhor quando os vir. Não quero mais me acomodar. Espírito Santo, salve-me. Separe-me. Faça-me digno.*

CAPÍTULO 6

E se Deus...

Quero abordar agora um trecho das Escrituras que me confundiu mais do que qualquer outro: o capítulo 9 de Romanos. O texto em si não é confuso. Leia-o você mesmo. É bastante fácil de entender. O que o torna complicado é a *inovação* dele. É um comentário estranho a se fazer sobre algo que foi escrito há quase dois mil anos. No entanto, é uma passagem sobre a qual não se prega com muita frequência, de modo que, quando se deparam com ela, muitos cristãos se sentem confusos. Nós nos pegamos perguntando coisas como "O texto está dizendo o que acho que ele está dizendo? Se o que está escrito sobre Deus é verdade, por que não me disseram antes?". Isso acontece porque ficamos envergonhados? Talvez não queiramos admitir que cremos em um Deus que seja assim *tão* livre para fazer o que deseja.

Nesse capítulo, Paulo faz uma pergunta necessária: E se?

> E se Deus, querendo mostrar a sua ira e tornar conhecido o seu poder, suportou com grande paciência os vasos de sua ira, preparados para a destruição? Que dizer, se ele fez isto para

> tornar conhecidas as riquezas de sua glória aos vasos de sua misericórdia, que preparou de antemão para glória[?]
>
> Romanos 9.22-23

E se? E se Deus decidiu fazer isso? E se Deus, como o Criador soberano do Universo, decidiu criar "vasos de ira preparados para a destruição"? E se ele fez isso com o propósito de "mostrar a sua ira" e "tornar conhecido o seu poder"? E se for essa sua maneira de mostrar àqueles que salva a amplitude de sua glória e misericórdia? O que você vai fazer se Deus optou por agir assim? Você se recusaria a acreditar nele? A ser um "vaso de sua misericórdia"? Faz algum sentido? Deixaria de segui-lo? Mesmo? Isso é sábio?

"E se?" é uma pergunta investigativa que nos força a ver como nossa lógica é presunçosa. É outra maneira de perguntar: qual a dimensão do conceito que tenho sobre Deus?

O oleiro e o barro

Em grande parte deste livro discutimos alguns tópicos não muito populares: julgamento, ira e, é claro, o inferno. Se você é como eu, então possui uma parte que não quer acreditar nessas coisas. Contudo, como discutimos no capítulo 1, a pergunta mais importante não é se você *quer* ou não, mas se *poderia* acreditar nessas coisas se Deus disser que elas são verdadeiras. Parece ser exatamente isso que Paulo está tratando em Romanos 9.22-23.

Perceba que Paulo não afirma de maneira explícita que Deus destrói pecadores com o objetivo de mostrar ao mundo o seu poder. Em vez disso, Paulo simplesmente levanta a questão como uma possibilidade legítima.[1] Em outras palavras,

Deus pode querer mostrar sua ira e seu poder por meio da punição aos pecadores, ou pode ter outro propósito em mente. Seja como for, devemos chegar a um ponto em que deixemos Deus ser Deus. Precisamos abrir mão do direito reconhecido de determinar o que é justo e humildemente reconhecer que Deus decide sozinho como lidar com as pessoas.

Pois ele é o oleiro, e nós somos o barro. Essa, na verdade, é a analogia que Paulo faz no início do capítulo 9 de Romanos. Paulo começa dizendo que Deus terá misericórdia de quem desejar e que vai endurecer a quem escolher (Rm 9.16-18). Essas são declarações bastante duras de se engolir, e Paulo sabe disso. É por essa razão que ele segue adiante e levanta a questão que incomoda todo leitor de Romanos 9: "Então, por que Deus ainda nos culpa? Pois, quem resiste à sua vontade?" (Rm 9.19). Boa pergunta! Se Deus demonstra misericórdia a quem quiser, então por que ainda nos considera culpados? Ou vamos considerar de outra maneira: se todos nós precisamos de misericórdia e se Deus a concede a alguns e não a outros, então quem é realmente responsável, nós ou Deus?

Veja a resposta de Paulo a essa pergunta:

> Mas quem é você, ó homem, para questionar a Deus? "Acaso aquilo que é formado pode dizer ao que o formou: 'Por que me fizeste assim?'" O oleiro não tem direito de fazer do mesmo barro um vaso para fins nobres e outro para uso desonroso?
>
> Romanos 9.20-21

Paulo realmente disse isso?

O oleiro tem o direito de fazer o que quiser com o barro? No meio das tragédias que a vida costuma trazer, no meio das maneiras misteriosas e frequentemente ocultas pelas quais Deus costuma trabalhar, no meio das tensões e paradoxos teológicos entretecidos nas Escrituras, no meio da dor, da tristeza, da miséria, da confusão que acompanham nossa existência na terra — no meio de tudo isso devemos chegar a um ponto no qual possamos responder sim a essa pergunta. *Sim, o oleiro tem esse direito.*

É comum ouvir as pessoas falarem: "Jamais poderia amar um Deus que...". Que fizesse o quê? Que discordasse de você? Que fizesse coisas que você nunca faria? Que permitisse que coisas ruins acontecessem às pessoas? Que se preocupasse mais com a glória dele do que com seus sentimentos? Que mandasse as pessoas para o inferno?

Isso, porém, faz quase tanto sentido quanto o barro olhar para cima, na direção do oleiro, e comentar: "Essa parte aqui não ficou boa; deixe-me mostrar-lhe uma maneira melhor de me moldar". Imagine o absurdo! Contudo, fazemos isso o tempo todo.

De fato, *eu faço isso o tempo todo.*

Foram necessários quarenta e três anos para que eu finalmente confessasse minha vergonha diante de algumas ações de Deus. Em minha arrogância, acreditava que poderia tornar Deus mais atraente ou palatável se escondesse algumas de suas ações. Assim, deixei de pregar sobre determinadas passagens, ou passei rapidamente por certas declarações de Deus a fim de chegar àquelas com as quais me sentia confortável. Aquelas que eu sabia que os outros iriam apreciar.

Agora mesmo, estou vendo como minha atitude foi horrível. Como o menino nervoso que tentar evitar que seus amigos vejam seu pai bêbado, tentei *esconder* Deus em alguns momentos. Quem eu penso que sou? A verdade é que Deus é perfeito e reto em tudo o que faz. Sou um tolo por pensar de outra maneira. Ele não precisa nem quer que eu lhe arranje um álibi. Não existe nada a ser escondido. Todas as coisas em relação a ele e a tudo o que faz são perfeitas.

Contudo, em alguns momentos, de nossa perspectiva humana, é difícil enxergar exatamente como Deus é perfeito, justo e bom. É por isso que Deus declara em Isaías 55:

> "Pois os meus pensamentos não são os pensamentos de vocês, nem os seus caminhos são os meus caminhos", declara o SENHOR. "Assim como os céus são mais altos do que a terra, também os meus caminhos são mais altos do que os seus caminhos, e os meus pensamentos, mais altos do que os seus pensamentos".
>
> Isaías 55.8-9

"Meus pensamentos não são os pensamentos de vocês." Significa que pensamos de maneira diferente! Ele não nos pediu que descobríssemos por que ele faz o que faz. Não podemos. Não somos capazes. Nosso pensamento é inferior ao dele. Não devemos pensar que um pouco de tempo meditando sobre os mistérios do Universo nos coloque em um nível que nos permita questionar Deus. Nosso Deus não é uma pessoa apenas um pouco mais inteligente: seus pensamentos são infinitamente mais altos que os nossos. Cientes de que o abismo é tão grande, não deveríamos canalizar nossa energia para a submissão, em vez de para o excesso de análise? É natural — não, é *esperado* — que haja momentos, muitos momentos, nos quais não consigamos entendê-lo.

Eu não teria feito isso

Mandar pessoas para o inferno não é a única coisa que Deus faz que é impossível de se entender. A Bíblia está repleta de atos divinos que não fazem muito sentido para nós.

Pense nisto.

Logo no começo da Bíblia, lemos que as pessoas haviam se tornado tão más que Deus se arrependeu de tê-las criado. Diante disso, o que ele faz? Decide salvar certos animais e oito componentes do seu povo e, então, mata o restante. Mas não apenas mata o restante. Ele os afoga num terrível dilúvio (Gn 6–8).

Um dilúvio? Ele afoga todo mundo? Se eu fosse Deus, não teria feito isso.

Mais tarde, Moisés está no alto da montanha enquanto os israelitas lá embaixo adoram um bezerro de ouro. Quando Moisés desce, Deus ordena aos levitas que peguem suas espadas, passem pelos campos e matem seus irmãos, seus amigos e seus vizinhos (Êx 32.27). Três mil pessoas morreram naquele dia, e os levitas foram abençoados por sua obediência! Eles não pararam para refletir se as ações do oleiro eram justas ou não.

Anos mais tarde, Deus ordena aos israelitas que matem todos os habitantes de Canaã (Dt 20.16-18). Homens, mulheres e crianças — *toda... e qualquer... pessoa.* Muito embora seja misericordioso, Deus ordena ao povo que não faça nenhum prisioneiro. Todos deveriam ser mortos.

Se eu fosse Deus, não teria feito isso.

Enquanto os israelitas estão conquistando a terra de Canaã, um homem chamado Acã rouba alguns tesouros da cidade de Jericó. Ele mente sobre isso, mas, quando é confrontado, termina confessando seu pecado e devolve os itens. Todavia, Acã e sua família, juntamente com todos os seus bens, tendas e tudo o mais, são apedrejados como resultado (Js 7).

Se eu fosse Deus, não teria permitido isso, quanto mais ordenado tal coisa.

Muitos anos depois, Deus ordena ao profeta Ezequiel que faça algumas coisas bem malucas. Ezequiel recebe a ordem de deitar-se do seu lado direito por trezentos e noventa dias, de deitar-se do seu lado esquerdo por quarenta dias, de preparar comida usando fezes humanas como combustível, de não lamentar a morte de sua esposa quando Deus a levasse e de pregar sermões repletos de retórica sexualmente explícita que, se fossem transformados em filmes de hoje, receberiam a qualificação de "não recomendado para menores de 18 anos".[2]

Eu definitivamente não teria feito nada disso se fosse Deus.

O fato é que as Escrituras estão cheias de ações divinas que não se encaixam nos padrões humanos de lógica ou de moralidade. Mas eles não precisam se encaixar, pois nós somos o barro, e ele é o oleiro. Precisamos parar de domesticar Deus ou de confiná-lo em categorias e rótulos que refletem nossos sentimentos humanos, em vez de seus caminhos inexplicáveis.

Servimos a um Deus cujos caminhos são incompreensíveis, cujos pensamentos não são como os nossos. No final das contas, os pensamentos de Deus devem levar à alegria, pois esses mesmos pensamentos planejaram a cruz, o lugar em que a justiça e a ira se encontram.

Você teria pensado em resgatar os pecadores de seus pecados enviando seu Filho para assumir a forma humana? Teria cogitado entrar na criação através do ventre de uma jovem judia e nascer num lugar onde se coloca comida de animais? Teria pensado em permitir que as coisas criadas torturassem seu Filho, lacerassem sua carne com chicotes e, então, que pregassem suas mãos e seus pés? Pais, imaginem isso.

Tenho quase certeza de que não teria feito isso se eu fosse Deus.

Você não está feliz por eu não ser Deus?

É incrivelmente arrogante ficar escolhendo quais verdades incompreensíveis vamos abraçar. Ninguém quer descartar o plano de Deus quanto à redenção, muito embora ele não faça sentido para nós. Nem deveríamos apagar o plano revelado de Deus quanto à punição pelo fato de ele não ser do nosso agrado. Assim que o fizermos, estaremos submetendo as ações de Deus ao nosso próprio raciocínio, uma atitude ridícula para um pedaço de barro.

Luta com Deus

Contudo, Deus não nos pede que sejamos estoicos em relação às experiências dolorosas. Ele espera que lutemos, e sabe que experimentaremos dor nesta vida. A vida nos atinge com força, e é natural — *humano* — chorar, lutar e clamar em desespero. Deus nos chama a chorar com os que choram (cf. Rm 12.15). Até mesmo Jesus fez isso (Jo 11.35).

Veja Jó, por exemplo. Jó era literalmente a pessoa mais justa de todo o mundo (isso está expresso na Bíblia) e, ainda assim, sofreu com intensidade. Em uma só tacada, Deus tirou suas propriedades, suas posses e toda a sua família. E, como se isso não fosse suficiente, Deus permitiu que Jó sofresse de um mal físico — é provável que fosse elefantíase — que provoca dores insuportáveis. Sua pele se tornou áspera e cheia de pus, seus ossos queimavam como fogo e todo o seu corpo se deformou.[3] É claro que Jó exigia algumas respostas. Ele merecia saber o que Deus estava fazendo. Tinha todas as razões do mundo para fazer Deus se sentar e explicar-lhe algumas coisas.

Será que tinha? Mais uma vez, pense no oleiro e no barro.

Jó realmente teve sua chance de entrar na sala do tribunal e defender sua causa, mas, quando o fez, rapidamente descobriu que não tinha direito de julgar Deus e bombardeá-lo com perguntas. Em vez disso, Jó viu-se no banco dos réus, e Deus o repreendeu por achar que sabia mais do que seu Criador: "Onde você estava quando lancei os alicerces da terra?" (Jó 38.4); "Você faz ideia de quão imensas são as áreas da terra? Fale-me, se é que você sabe" (38.18); "Eu lhe farei perguntas, e você me responderá. Você vai pôr em dúvida a minha justiça? Vai condenar-me para justificar-se?" (40.7-8); "Aquele que contende com o Todo-poderoso poderá repreendê-lo?" (40.2).

Em outras palavras, o barro pode questionar o oleiro: "Por que você me fez isso?"?

E se Deus, cuja sabedoria e justiça estão além da nossa compreensão, decidiu derramar severo sofrimento sobre Jó sem sentir necessidade de lhe explicar a razão disso? Você *quer* amar um Deus que faria isso? *Poderia* amar um Deus como esse?

Jó conseguiu. De fato, depois de descer de sua posição de interrogador, Jó apegou-se ainda mais a Deus, a despeito do fato de nunca ter recebido respostas às suas perguntas. A resposta de Jó é notável: "Meus ouvidos já tinham ouvido a teu respeito, mas agora os meus olhos te viram" (Jó 42.5). Em outras palavras, Jó conhecia Deus a distância ("meus ouvidos já tinham ouvido a teu respeito"), mas agora, depois de ter sido moído e de se apegar a Deus quando nada mais fazia sentido, Jó passou a conhecê-lo de maneira mais íntima ("agora os meus olhos te viram"). E, com isso, Jó chegou ao ponto que realmente importa: a questão não é entender todos os mistérios de Deus, mas abraçar o Senhor e apreciá-lo, mesmo quando não compreendemos suas ações.

Jeremias teve uma experiência similar e chegou à mesma conclusão. Depois de os babilônios terem arrasado Israel, torturando e matando homens, mulheres e crianças, Jeremias ergueu os braços e clamou: "Tu os sacrificaste no dia da tua ira; tu os mataste sem piedade" (Lm 2.21). Não é um erro de digitação. Está certo. Foi exatamente isso que Jeremias disse. *Ele acreditava que, em última análise, os atos dos babilônios foram atos de Deus.* Enquanto olhava ao redor e via um monte de corpos espalhados pela rua, Jeremias afirmou: "Deus fez isso".

Por pouco eu deixei de citar esse versículo. Honestamente, quando comecei a citar Lamentações 2.21, minha primeira ideia foi: "Não faça isso; é duro demais; vai levantar muitas questões sobre o mal, a justiça e os caminhos de Deus; pode afastar as pessoas". Então lembrei-me da minha confissão. Deus não ficou envergonhado por Jeremias escrever isso; é hora de eu parar de me envergonhar das ações de Deus. Seus pensamentos e seus caminhos são infinitamente mais altos que os meus. É hora de parar de pedir desculpas *por* ele e começar a pedir desculpas *a* ele.

> *Perdoe-me, Senhor, por querer apagar todas as coisas que vejo nas Escrituras que não me caem bem. Perdoe-me por tentar esconder algumas das suas ações no intuito de tornar o Senhor mais palatável para o mundo. Perdoe-me por tentar fazer que o Senhor se encaixe nos meus padrões de justiça, bondade e amor. O Senhor é Deus; o Senhor é bom; nem sempre entendo o Senhor, mas eu o amo. Obrigado por quem o Senhor é.*

Jeremias prossegue em seu lamento e fala sobre as imagens aterradoras da invasão babilônia. Mulheres famintas comendo seus próprios filhos. Líderes pendurados pelas mãos. Crianças mortas pelas ruas por causa da fome.[4] Há poucas coisas agradáveis em Lamentações. É um livro pequeno e aterrorizante, cujo nome é perfeitamente adequado. Se alguém tinha razão para "não amar um Deus que...", esse alguém era Jeremias. Ele certamente tinha suas dúvidas, e chegou perto de questionar a justiça de Deus.[5] Mas no meio de tudo isso — lágrimas, dor, confusão, raiva e dúvida — Jeremias apegou-se à fidelidade e à bondade de Deus, muito embora não *sentisse* que Deus era muito bom naquele momento:

> Todavia, lembro-me também do que pode me dar esperança: Graças ao grande amor do SENHOR é que não somos consumidos, pois as suas misericórdias são inesgotáveis. Renovam-se cada manhã; grande é a sua fidelidade!
>
> Lamentações 3.21-23

No meio de sua dor e confusão, Jeremias apegou-se ao fato de que Deus era Deus, não ele. Ele deixou o oleiro ser o oleiro e entendeu que era o barro.

Seu nome é Tobias

Por toda a Bíblia e por toda a história, mulheres e homens piedosos abraçaram o Deus de Jó e de Jeremias. Agarraram-se a um Deus que nem sempre entendiam; um Deus que é imensuravelmente bom, ainda que as circunstâncias da vida pareçam sugerir o contrário.

Anos atrás, deparei com um artigo intitulado "Dois minutos para a eternidade", escrito por Marshall Shelley, um dos editores da revista *Christianity Today* [Cristianismo Hoje] naquela época.[6] Nesse artigo, Marshall conta a história do nascimento miraculoso de seu filho. Quando a criança ainda estava no ventre da mãe, Marshall e Susan, sua esposa, descobriram que seu filho tinha um problema no coração e que provavelmente não sobreviveria ao nascimento, se é que viria a nascer. Assim, o casal começou a lutar com Deus. "Tratava-se de uma falha de projeto", escreve Marshall, "e o Projetista era o responsável". Assim eles oraram. Oraram pedindo um milagre, oraram por sobrevivência, oraram para que o Deus de toda a compaixão desse à criança o fôlego da vida.

Então chegou o dia do nascimento e a criança ainda estava viva. A criança sobrevivera à gravidez! Deus é tão bom. Assim que a criança nasceu, Marshall olhou para seu lindo filho: "Ele era rosado e saudável, e vimos seu peito subir e descer. O fôlego da vida. Obrigado, Deus".

E então a criança morreu. Dois minutos depois, seu filho mudou de rosa para azul, e morreu. O milagre da vida foi seguido pelo mistério da morte. E, para o casal, o Projetista era o responsável. Quando a enfermeira perguntou ao casal se ele tinha um nome para o menino, Susan respondeu: "Toby. É um diminutivo de um nome bíblico, Tobias, que significa 'Deus é bom'".

Deus é bom.

Deus é bom? Como eles puderam afirmar isso? Como puderam acreditar num atributo tão inacreditável de Deus quando tudo naquele momento parecia provar o contrário? Porque eles acreditavam que Deus é bom não apenas quando ele faz sentido para nós, mas também quando não faz. Deus é bom, porque Deus é Deus. A bondade é inerente a quem ele é. E eles acreditavam nisso. “O nome do menino era aquilo em que críamos, não o que sentíamos”, escreve Marshall. “Era o que queríamos sentir de novo algum dia.”

O mesmo acontece com muitas coisas sobre Deus que não fazem sentido.

O mesmo acontece com o inferno.

Como já disse várias vezes, não *tenho vontade* de acreditar no inferno. Ainda assim, acredito. Talvez um dia eu chegue a um acordo completo com ele, mas, por hora, justifico essa discrepância como sendo um sentido de justiça subdesenvolvido de minha parte. Deus é perfeito. E eu me submeto alegremente a um Deus cujos caminhos são muito, muito mais altos que os meus.

CAPÍTULO 7

Não desanime

PARA A MAIORIA DAS PESSOAS, a ideia do inferno é paralisante, razão pela qual costumamos ignorar sua existência, pelo menos na prática. Afinal de contas, como é possível continuar vivendo se estivermos constantemente conscientes de um lugar abrasador de tormento?

Contudo, esse é exatamente o ponto: não deveríamos continuar vivendo como de costume. Um senso de urgência em relação à realidade do inferno deve reacender nossa paixão pelo evangelho como aconteceu com Paulo, que, ciente do "temor ao Senhor", persuadia as pessoas a crer (2Co 5.11). Não devemos apenas lidar com o inferno, mas sermos compelidos a viver de maneira diferente à luz dele, assim como das demais doutrinas.

Pedro afirma exatamente isso em 2Pedro 3. Ele descreve a volta do Senhor, o dia do julgamento e a destruição do ímpio. E o que ele conclui? Que devemos erguer nossas mãos em desespero porque, afinal de contas, não há nada que possamos fazer em relação a ele? Não. Ele faz uma pergunta objetiva: "Visto que tudo será assim desfeito, que tipo de pessoas é necessário que vocês sejam?" (2Pe 3.11).

À luz dessa verdade e em favor do destino eterno das pessoas, nossa vida e nossa igreja devem ser — não, elas têm de ser! — livres do fardo do pecado, cheias de amor altruísta que transborda sobre o próximo, sobre os oprimidos e sobre os de fora.

Em outras palavras, precisamos parar de ficar explicando o inferno e começar a proclamar a solução divina para ele.

Uma urgência maior

A declaração drástica de Paulo em Romanos 9 revela o coração por trás de sua incrível carreira missionária:

> Tenho grande tristeza e constante angústia em meu coração. Pois eu até desejaria ser amaldiçoado e separado de Cristo por amor de meus irmãos, os de minha raça.
>
> Romanos 9.2-3

Entendeu a questão? Paulo gostaria de ser *amaldiçoado* — ou enviado para o inferno — para que seus irmãos judeus pudessem viver. Isso é insano! Nem sei o que falar. Não quero que ninguém vá para o inferno, entretanto jamais me disporia a ir no lugar de alguém! Odeio a ideia de que pessoas ao meu redor acabem no inferno, só que não posso garantir que tenho *grande tristeza* e *constante angústia* em meu coração.

Paulo tinha declarações assustadoras a fazer sobre o destino eterno daqueles que rejeitam Jesus nesta vida. Ele, porém, amava aquelas pessoas loucamente. Sua vida foi dedicada a vê-las se reconciliar com Deus. Ele até mesmo implorou às pessoas que buscassem a cura e a salvação que só Jesus oferece (cf. 2Co 5.20).

Mais razões para se alegrar

É um pouco estranho notar que o mesmo Paulo, aquele que tinha "grande tristeza e constante angústia" em seu coração, tenha nos dado a ordem "alegrem-se sempre no Senhor" (Fp 4.4). De alguma maneira, Paulo conseguia se entristecer e se alegrar ao mesmo tempo. Essa é a tensão com a qual convivemos na condição de seguidores de Jesus. Ficamos entusiasmados por conhecer Jesus e sermos salvos da ira de Deus, mas ficamos preocupados por nossos entes queridos que não o conhecem.

Uma bênção inesperada que este estudo gerou foi um sentido mais profundo de gratidão pela cruz. No domingo passado, compareci a um culto numa igreja pequena que não tinha músicos. Assim, cantamos algumas músicas com *playback* e outras *a capella* [ou seja, sem acompanhamento instrumental]. Quando estou no meio de grupos pequenos, tento cantar suavemente porque minha voz não é muito agradável. No entanto, quando cantamos músicas sobre a cruz, surpreendi-me cantando a plenos pulmões.

> Na cruz em que Jesus morreu, a ira de Deus foi satisfeita!

Já cantei músicas como essa milhares de vezes e estou certo de que você também. Mas pense nesta frase: Jesus satisfez a ira de Deus. É a mesma ira sobre a qual Jesus, Paulo, Judas, Pedro e João falaram e escreveram de maneira tão viva. É a mesma ira que é derramada por nossos pecados. É a mesma ira que, no final, será satisfeita, seja no inferno, seja sobre a cruz. Nós a merecemos; Cristo a suportou. Como eu poderia deixar de explodir de alegria?

Ainda que o inferno possa ser uma doutrina paralisante, ela também pode ser uma doutrina estimulante, pois amplia a beleza da cruz.

O inferno é o pano de fundo que revela a profunda e inacreditável graça da cruz. Ele ilumina a enormidade do nosso pecado e, portanto, retrata o favor imerecido de Deus em todas as suas cores. Cristo optou livremente por suportar a ira que mereço de modo que eu possa experimentar vida na presença de Deus. Como posso deixar de cantar, gritar e proclamar esse amor indescritível?

Finalmente... Você tem certeza?

Não faria sentido escrever tudo o que escrevi sem pelo menos fazer a pergunta. Você tem certeza de que aceitou o Deus que pode salvá-lo do inferno? Não quero que isso se resuma a evitar o inferno. Como mencionei anteriormente, o evangelho é muito mais profundo e maravilhoso. Contudo, com base em nossa discussão, é correto que eu lhe peça para estar absolutamente certo de que não vai para lá. Vale todo mundo. Pastores, líderes, interessados, céticos — ninguém sabe o que passa pela sua cabeça agora. Abaixe a guarda e separe um tempo para tratar a questão de maneira honesta.

Você conhece Deus? Está seguro nele? Está apaixonado por ele?

Não sei como é a sua vida ou quais dificuldades já enfrentou. Não sei sua opinião sobre o inferno , nem se já foi atacado ou manipulado por ameaças do inferno no passado. Tudo o que sei é que, pela minha compreensão das Escrituras, o inferno é um lugar real para aqueles que optam por rejeitar Deus. Contudo, Deus não está nada ansioso para mandar uma pobre alma para o inferno. De fato, o oposto é verdadeiro: "Teria eu algum prazer na morte do ímpio? Palavra do Soberano, o Senhor. Ao contrário, acaso não me agrada vê-lo desviar-se dos seus caminhos e viver?" (Ez 18.23; cf. 33.11).

Portanto, todos temos uma opção diante de nós: escolher a vida ou escolher a morte. Deus lhe pede que se desvie dos seus caminhos e viva.

Paulo dirigiu-se a uma multidão em Listra com as seguintes palavras:

> "Estamos trazendo boas-novas para vocês, dizendo-lhes que se afastem dessas coisas vãs e se voltem para o Deus vivo, que fez o céu, a terra, o mar e tudo o que neles há. No passado ele permitiu que todas as nações seguissem os seus próprios caminhos. Contudo, Deus não ficou sem testemunho".
>
> Atos 14.15-17

Mais uma vez, não sei quem você é ou o que já experimentou de Deus, mas sei que ele "não ficou sem testemunho" em sua vida. Paulo escreve que todos nós, sem exceção, conhecemos a verdade sobre Deus (cf. Rm 1.18-25). À luz dessa verdade, Deus o chama para responder em amor. Volte-se para Deus. Abrace-o. Confie nele. Coloque sua fé nele. Aceite o incrível dom da cruz, onde Jesus levou sobre si mesmo a punição que merecemos, e por meio da qual nos dá vida, cura e redenção, obtidas apenas pela graça.

Não consigo imaginar uma maneira melhor de terminar este livro do que levá-lo às palavras de Paulo, que insiste conosco para que nos reconciliemos com o Deus que nos ama mais do que possamos imaginar:

> Portanto, somos embaixadores de Cristo, como se Deus estivesse fazendo o seu apelo por nosso intermédio. Por amor a Cristo lhes suplicamos: Reconciliem-se com Deus. Deus tornou pecado por nós aquele que não tinha pecado, para que nele nos tornássemos justiça de Deus [...] *agora é o dia da salvação!*
>
> 2Coríntios 5.20-21; 6.2

Deus estende misericórdia a todos *agora*. Ele quer que o conheçamos *agora*. Ele insiste conosco para que nos reconciliemos *agora* com ele através de Jesus Cristo, seu Filho. A porta está aberta *agora* — mas não vai permanecer aberta para sempre.

APÊNDICE

Perguntas frequentes

Este livro levantou muitas questões sobre o inferno; algumas foram discutidas em detalhes, enquanto outras foram analisadas superficialmente para que não se perdesse o foco deste trabalho e que o mantivesse num tamanho razoável. Este apêndice tenta responder a algumas das perguntas frequentes feitas em relação ao tópico do inferno.

Pergunta 1: As imagens de fogo, trevas e vermes devem ser entendidas literalmente?

A representação mais conhecida para descrever o inferno é o fogo. Jesus, por exemplo, descreve o inferno como uma "fornalha ardente" (Mt 13.42), "fogo eterno" (Mt 18.8-9) e o lugar onde "o fogo não se apaga" (Mc 9.48). Do mesmo modo, no livro de Apocalipse, João retrata o inferno como um "lago de fogo" onde o "enxofre ardente" atormenta para sempre (Ap 14.10-11; 20.10,15). Devemos entender essas imagens de fogo de maneira literal? Os descrentes vão literalmente queimar para sempre e, ainda assim, nunca serão totalmente consumidos?

A maioria dos cristãos evangélicos que creem que o inferno é um lugar real e que sua duração é para sempre não tenta interpretar a imagem de fogo de forma literal. Figuras bem conhecidas como João Calvino, Martinho Lutero, C. S. Lewis, Billy Graham, D. A. Carson, J. I. Packer e Sinclair Ferguson interpretaram as imagens de fogo como não literais. Outros comentaristas e teólogos conservadores como Charles Hodge, Carl Henry, F. F. Bruce, Roger Nicole, Leon Morris e Robert Peterson concordam. Esses estudiosos destacam que a imagem de fogo é usada de maneira claramente não literal em muitos outros lugares da Bíblia, não apenas em passagens relacionadas ao inferno. Jesus menciona que veio "trazer fogo à terra" (Lc 12.49), o que, naquele contexto, simboliza o julgamento. Nosso Senhor não juntou gravetos e folhas secas para literalmente colocar fogo no planeta. João descreve os olhos de Jesus como "chama de fogo" (Ap 1.14); para Tiago, "a língua é um fogo" (Tg 3.6); e, de acordo com Paulo, nossas obras mundanas serão queimadas com fogo no dia do juízo (1Co 3.15). O fogo é usado metaforicamente por toda a Bíblia, e concordo com o grupo de acadêmicos evangélicos citados acima de que a imagem do fogo provavelmente *não deve ser considerada literalmente quando é usada para descrever o inferno.*

Isso é apoiado por diversas passagens nas quais o fogo conflitaria com outras afirmações do autor. Judas, por exemplo, descreve o inferno como um "fogo eterno" (Jd 7), enquanto, seis versículos adiante, ele chama o inferno de "as mais densas trevas" (Jd 13). Jesus e João Batista descrevem o inferno com imagens de "fogo" (Mt 3.10,12; 25.41) e "trevas" (Mt 8.12; 22.13; 25.30). Essas metáforas de fogo e trevas estão completamente misturadas — onde há fogo não pode haver trevas completas. A mescla de metáforas sugere que essas imagens são apenas isso: *metáforas*. A ideia é também apoiada pela declaração de Jesus de que o inferno foi "preparado para o Diabo e os seus anjos" (Mt 25.41), que são seres espirituais. Se a imagem de fogo for entendida literalmente, é de se pensar como o fogo causaria efeito sobre criaturas imateriais.

É claro que Deus poderia fazer que isso acontecesse. Ele poderia impedir que o fogo penetrasse nas trevas e capacitar os espíritos a sentirem a dor de queimaduras. Mas, dado o uso amplo do fogo como metáfora nas Escrituras, creio que é melhor entendê-lo como ilustrativo.

O mesmo provavelmente acontece com outras imagens, como trevas (Mt 8.12; 22.13; 25.30; Lc 13.28), o verme que não morre (Mc 9.43-48) e o ranger de dentes (Mt 8.12; 13.42,50; 22.13; 24.51; 25.30; Lc 13.28). Em certa ocasião, Jesus até mesmo afirma que o descrente será cortado ao meio (cf. nota de Mt 24.51 na NVI). Diante de tais imagens, acho melhor vê-las como maneiras poderosas de retratar as formas inexplicáveis de punição que ocorrerão no inferno. Fogo e ranger de dentes retratam dor intensa e sofrimento; trevas transmitem a ideia de separação de Deus; vermes que não morrem (cf. Is 66.24) provavelmente enfatizam a vergonha da morte e, talvez, sua duração eterna.

Portanto, embora as passagens examinadas neste livro sejam claras em relação ao inferno como o lugar em que o ímpio será atormentado, a Bíblia não parece nos dizer exatamente como será esse tormento.

Pergunta 2: Existem graus de punição no inferno?

O monge budista vai se sentar ao lado de Hitler no inferno? Ou algumas pessoas sofrerão um grau maior de punição do que outras?

A Bíblia sugere que haverá níveis de punição no inferno. Jesus adverte em Mateus 11.24 que "no dia do juízo haverá menor rigor para Sodoma do que para você", sendo "você" uma referência àqueles que testemunharam as obras de Cristo. Em Lucas 12 Jesus conta uma parábola sobre alguns servos desobedientes que recebem punição por seus delitos. Um escravo será cortado ao meio (v. 46; cf. nota da *NVI*), outro "receberá muitos açoites" e ainda outro "receberá poucos açoites" (v. 46-48). Se essa parábola se aplica à punição no inferno, então ela afirma a existência de uma escala de sofrimento. Paulo também sugere isso quando diz que o descrente "está acumulando ira contra si mesmo" no dia do juízo (Rm 2.5).

Embora as Escrituras não sejam plenamente claras sobre essa questão, há apoio para a ideia de que haverá graus de punição no inferno.

Pergunta 3: O inferno fica no centro da terra?

Alguns judeus do século 1 e muitos cristãos medievais teriam dito que sim. Alguns livros, como *Divina comédia* de Dante, sugerem isso, e esses livros amplamente lidos terminam se infiltrando profundamente no tecido de muitas culturas. Entretanto não há nada na Bíblia que localize claramente o inferno no centro da terra.

O Antigo Testamento de fato menciona que, quando as pessoas morrem, elas descem ao *sheol* (Gn 37.35; cf. nota da NVI). O *sheol*, porém, não é necessariamente inferno (cf. pergunta 4), e a referência a "descer" é mais uma figura de linguagem do que um movimento espacial. Do mesmo modo, como vimos nos capítulos 2 e 3 deste livro, o *inferno* em si é reservado ao ímpio *após* o dia do juízo. Em outras palavras, ninguém está no inferno neste momento. As pessoas podem estar no *hades* (cf. Lc 16, VR [IBB]), mas o *hades*, tal como o *sheol*, é o lugar onde o ímpio aguarda seu julgamento. O *hades* não é o inferno.

Provavelmente é melhor seguir o conselho de Crisóstomo, líder da igreja primitiva, que nos alertou sobre não nos preocuparmos com a localização do inferno, mas apenas em como escapar dele. Fora isso, não sabemos nada sobre sua localização ou seu aspecto.

Pergunta 4: A palavra *sheol* do Antigo Testamento refere-se ao inferno?

A resposta simples é: não, *sheol* não é inferno. A palavra *sheol*, comumente traduzida por *cova* ou *sepultura*, é de difícil interpretação. Ela aparece 65 vezes no Antigo Testamento e descreve o destino pós-morte tanto de justos (Gn 37.35; 42.38; Is 38.10,17-18) quanto de ímpios (Nm 16.30; Is 14.11,19). Ainda assim, não significa que eles vão para o mesmo lugar. Quer dizer apenas que a palavra *sheol* é flexível e não tem de designar o destino específico do justo ou do ímpio. Simplificando, *sheol* é apenas um sinônimo de morte; numa definição mais detalhada, a palavra se refere a algum tipo de existência sub-humana sombria após a morte, não muito específica.

O Antigo Testamento não é minucioso quanto ao inferno. O texto de Daniel 12.2 relata que o ímpio será ressuscitado e punido, mas nenhum detalhe adicional é apresentado. A passagem de Ezequiel 32.17-32 é, de longe, a descrição mais detalhada da existência do ímpio depois que ele morre, contudo é um texto bastante ambíguo, o que nos impede de chegar a qualquer conclusão definitiva sobre a natureza do inferno.

Nessa passagem, Ezequiel parece fazer uma distinção entre *sheol* (v. 21,27) e o que ele chama de "debaixo da terra" (v. 18,24; "profundezas da terra", RA), para onde o ímpio vai quando morre. Aqui, os ímpios estão agrupados de acordo com a nacionalidade (v. 22,24,26,29), e recebem sua punição por aquilo que fizeram em vida. Além disso, parece que, ainda que não estejam plenamente vivos, estão plenamente conscientes do que está acontecendo. Os ímpios recebem punição (v. 27), sentem vergonha (v. 30) e são até mesmo "consolados" diante da chegada de mais habitantes às "profundezas da terra" (v. 31). "A miséria gosta de companhia" parece ser um ditado apropriado aqui.

Embora pareça uma descrição detalhada do inferno, o estilo da passagem nos impede de interpretá-la de maneira literal. Na melhor das hipóteses, podemos dizer que Deus revelou a Ezequiel que o ímpio receberia algum tipo de punição depois de morrer. Além disso, nossa interpretação deve ser conduzida com cautela.

Pergunta 5: E quanto às pessoas que nunca ouviram o evangelho?

Essa é uma pergunta difícil. Ela aparece em praticamente todo estudo bíblico que já fiz. O que dizer do homem na floresta que nunca ouviu o evangelho e, portanto, nunca teve oportunidade de aceitar Jesus? E se ele simplesmente responder à luz que lhe foi dada? Ele viveu da melhor maneira que pôde e, se tivesse ouvido o evangelho, provavelmente teria crido nele. Deus salvará essa pessoa?

Tudo o que há dentro de mim quer dizer que sim. Porque dizer "sim" faz sentido. O "sim" parece justo. No entanto, aqui está o problema: não há nada nas Escrituras que diga que alguém será salvo sem a fé em Jesus.

As Escrituras também ensinam que a assim chamada "luz" que todos nós recebemos através da criação, o que os teólogos chamam de *revelação geral*, é suficiente para condenar, mas não suficiente para salvar. Em outras palavras, quando as pessoas olham para a criação e veem que deve existir um Deus e, ainda assim, não têm como saber seu nome ou conhecer o plano de salvação, a Bíblia afirma que essas pessoas não respondem positivamente a essa "luz". Paulo aborda a questão diretamente em Romanos:

> Portanto, a ira de Deus é revelada dos céus contra toda impiedade e injustiça dos homens que suprimem a verdade pela injustiça, pois o que de Deus se pode conhecer é manifesto entre eles, porque Deus lhes manifestou. Pois desde a criação do mundo os atributos invisíveis de Deus, seu eterno poder e sua natureza divina, têm sido vistos claramente, sendo compreendidos por meio das coisas criadas, *de forma que tais homens são indesculpáveis*; porque, tendo conhecido a Deus, não o glorificaram como Deus, nem lhe renderam graças, mas os seus pensamentos tornaram-se fúteis e o coração insensato deles obscureceu-se. Dizendo-se sábios, tornaram-se loucos.
>
> Romanos 1.18-22

Segundo essa passagem, todas as pessoas receberam luz, o conhecimento geral de que existe um Deus. Ainda assim, todos rejeitam esse conhecimento e, portanto, são indesculpáveis. Muito embora eu tenha na mente histórias imaginárias de uma pessoa que vive na floresta e responde positivamente à luz que lhe foi dada, a argumentação de Paulo vai na direção oposta. Esse trecho ensina que todas as pessoas estão condenadas *não por rejeitar o evangelho, mas por rejeitar a "revelação geral" que é dada a todos.*

As Escrituras ensinam que uma pessoa deve alcançar um conhecimento salvador de Jesus Cristo para ser redimida. Contudo, Deus pode revelar conhecimento através de formas diferentes: sonhos, visões ou pensamentos divinamente gerados que penetram na mente de quem vive na selva ou de qualquer outro indivíduo. Já ouvi incontáveis histórias, e talvez você também, de pessoas que vivem em lugares de profunda influência do islã ou de outras religiões, onde há pouca ou nenhuma exposição ao evangelho, e, ainda assim, chegam a Cristo. Elas têm uma visão ou um sonho no qual Jesus lhes aparece e elas respondem positivamente. Deus pode salvar quem ele quiser, da maneira que desejar, mas isso se dá sempre através de um caminho que ele mesmo pavimentou: seu Filho Jesus Cristo.

Devo mencionar, porém, que, nas Escrituras, as pessoas normalmente são salvas através de um mensageiro humano. De fato, Romanos 10.13-15 indica que a pregação do evangelho é o meio prescrito por Deus para salvar as pessoas. Embora ele tenha usado sonhos e visões para alcançar pessoas (cf. Gl 1.12-16), não devemos depender de tais meios para evangelizar os não alcançados. Ainda existem 1,5 bilhão de pessoas que nunca ouviram o evangelho. Deus deixa claro que é nossa responsabilidade ir até elas.

Tudo o que afirmei até aqui está claro para mim nas Escrituras. Poderíamos fazer um monte de perguntas importantes para nos aprofundar no assunto, mas, no fim da história, precisamos simplesmente crer naquilo que as Escrituras dizem e não ir além. Diante de todas essas perguntas difíceis, é melhor deixar Deus ser Deus e crer que o Juiz de toda a terra agirá com justiça (Gn 18.25).

Pergunta 6: Jesus pregou a pessoas no inferno entre sua morte e sua ressurreição?

De acordo com 1Pedro 3, Jesus "pregou aos espíritos em prisão que há muito tempo desobedeceram, quando Deus esperava pacientemente nos dias de Noé, enquanto a arca era construída" (v. 19-20). Essa é uma passagem bastante estranha, contudo não implica que Jesus pregou o evangelho aos descrentes que haviam morrido. A palavra *espíritos*, quando usada sem qualquer qualificação (como "espírito do homem" etc.), refere-se a seres sobrenaturais, sejam bons ou ruins (Mt 12.45; Lc 10.20; Hb 1.14). Pedro acrescenta que esses espíritos foram desobedientes "nos dias de Noé". Isso provavelmente é uma referência a outra passagem estranha (Gn 6.1-4), segundo a qual anjos malignos aparentemente tiveram relações sexuais com mulheres e, portanto, foram "aprisionados" por Deus (cf. 2Pe 2.4; Jd 6). Isso levanta muitas outras questões, tenho certeza. Seja qual for o caso, parece que aqui, em 1Pedro 3, Cristo foi até essa prisão angélica e proclamou vitória à luz da cruz sobre esses demônios desobedientes (cf. Cl 2.15).

Portanto, Jesus não pregou o evangelho aos descrentes no inferno, pelo menos não no sentido evangelístico.

Pergunta 7: Como é possível que Deus seja amoroso e, ainda assim, mande pessoas para o inferno?

Essa é uma pergunta com a qual muitos teólogos inteligentes têm enfrentado dificuldades no decorrer dos séculos. Na verdade, essa foi uma das perguntas que levou Orígenes, um líder da igreja primitiva, a acreditar que todas as pessoas terminariam indo para o céu. Ele acreditava que o amor de Deus exige que isso aconteça.

Deus pode ser amoroso e, ainda assim, mandar pessoas para o inferno? Se o que defendi neste livro está correto, então devemos responder que sim. Apresento a seguir três razões para isso.

Primeiro, Deus é amor, e ele também *define* o que é amor. Não temos permissão para definir amor de acordo com nossos próprios padrões e nossa consciência. Costumamos presumir que amor significa fazer feliz todos aqueles que estão ao nosso alcance. Se isso fosse amor, então, sim, o inferno seria incompatível com o amor de Deus. As Escrituras, no entanto, não definem o amor de Deus dessa maneira. Amor é parte de quem Deus é. E Deus define o que é amor. Deus não *precisa* salvar todo mundo para *mostrar amor*. Em outras palavras, o amor está essencialmente envolvido no caráter de Deus. Embora Deus aja de maneiras que *parecem* desamorosas segundo nossos padrões, elas não são desamorosas para os padrões dele, e seus padrões são o que importa.

Segundo, devemos entender o amor de Deus à luz de seus outros atributos. Deus é amor, mas ele também é santo e justo, e frequentemente manifesta sua ira para com o pecado. De fato, Deus às vezes retém certos atributos para poder exercer outros. Por exemplo: Deus retém sua ira para exercer misericórdia; Deus retém a justiça para derramar sua graça. Naturalmente, Deus *poderia* optar por derramar sua misericórdia sobre toda a humanidade e, portanto, optar por reter sua ira para com todos. A Bíblia, porém, não apoia essa ideia.

Terceiro e, para mim, o mais importante, devemos entender o amor de Deus à luz da liberdade dele. Como vimos neste livro, Deus, como Criador, é livre para fazer tudo o que achar melhor. Ele não é compelido por ninguém, a não ser por si mesmo. E a liberdade de Deus significa — embora seja difícil de engolir — que Deus *pode* reter o amor (Rm 9). É um erro lógico (e teológico) pensar que Deus não pode ser amoroso, a não ser que salve todo mundo. Tal suposição, ainda que busque valorizar o amor de Deus, viola a liberdade e a soberania de Deus.

Não estou de forma alguma tentando minimizar a dor que sentimos ao pensar nas pessoas não salvas atormentadas no inferno, nem estou propondo que devemos jogar fora nossas emoções e seguir adiante; lembre-se da angústia de Paulo (Rm 9.2-3). Tudo o que sugiro é que, como Criador do universo, todo-poderoso e sábio, Deus faz o que é justo, reto e amoroso de modo muito mais profundo do que possamos imaginar. Devemos nos apegar às palavras de Abraão em Gênesis 18.25: "Não agirá com justiça o Juiz de toda a terra?".

NOTAS

Capítulo 1

[1]Para uma pesquisa histórica, ver Richard Bauckham, "Universalism: A Historical Survey", *Themelios* 4.2 (1979), p. 48-54; Morwenna Ludlow, "Universalism in the History of Christianity" eds., in: Parry e Partridge: *Universal Salvation?*, p. 191-218.

[2]Para ler mais sobre as inconsistências do pensamento de Orígenes, especialmente suas visões sobre a salvação universal, veja Mark S. M. Scott, "Guarding the Mysteries of Salvation: The Pastoral Pedagogy of Origen's Universalism", *Journal of Early Christian Studies* 18.3 (2010), p. 347-68; Tom Greggs, "Exclusivist or Universalist? Origen the 'Wise Steward of the Word' (*CommRom.* V.1.7) and the Issue of Genre", *International Journal of Systematic Theology* 9.3 (2007), p. 315-327.

[3]As visões de Orígenes foram consideradas heréticas no quinto concílio eclesiástico ecumênico, realizado em Constantinopla, em 553 d.C. Contudo, esse concílio foi realizado debaixo de grande influência política, assim como outros da igreja primitiva, de modo que não devemos considerar hereges as visões de

Orígenes tomando como base apenas as decisões tomadas em Constantinopla.

[4]Talbott, *The Inescapable Love of God*; MacDonald, *The Evangelical Universalist.* Gregory MacDonald é um pseudônimo.

[5]Em seu livro *Love Wins* [O amor vence], Rob Bell de fato não se expõe nem afirma que é nisso em que crê. Para ser justo, ele não está defendendo explicitamente sua posição, apenas a apresenta como uma visão válida que ajudaria a explicar grande parte da tensão que sentimos ao pensar sobre as duras realidades do inferno. No entanto, ele apresenta sua posição em termos tão favoráveis que seria difícil dizer que não se trata de uma apologia. Ele até mesmo declara que a visão tradicional de um inferno literal que representa tormento eterno não é de forma alguma "boas-novas". Para usar a frase de Bell, "as boas novas são melhores que isso". Ele deixa implícito que a visão segundo a qual todos serão salvos é, de fato, uma notícia muito melhor. Portanto, embora nunca diga que essa seja a visão *correta*, Bell certamente apresenta essa visão como a visão *boa*, e a interpretação tradicional do inferno como a visão *ruim*. Cf. *Love Wins* [O amor vence], p. 110-111, 173-175.

[6]Bell, *Love Wins* [O amor vence], p. 107.

[7]Cf. Howard Marshall, "The New Testament Does Not Teach Universal Salvation", in: Parry e Partridge, *Universal Salvation?*, p. 68-69. Esta leitura é apoiada pela conclusão do livro de Isaías, que retrata dois grupos de pessoas, aqueles que estão do lado de Deus e os que permanecem contra ele: "'Toda a humanidade virá e se inclinará diante de mim', diz o Senhor. 'Sairão e verão os cadáveres dos que se rebelaram contra mim; o verme destes não morrerá, e o seu fogo não se apagará, e causarão

repugnância a toda a humanidade'" (66.23-24). É assim que o livro de Isaías termina. Haverá restauração para aqueles que se voltarem para Deus, e julgamento seguido de punição para aqueles que não o fizerem.

[8]Por todo o trecho de Isaías que vai do capítulo 40 ao 66, as nações "verão" (40.5; 52.10,15), "compreenderão" (52.15) e até mesmo "saberão" (45.6; 49.26) da salvação do povo de Deus. Isso, entretanto, não significa que elas a aceitarão. Isaías profetiza, por exemplo, que o rei pagão Ciro, o Grande, saberá que é o Senhor quem o exaltará. Contudo, no versículo seguinte, diz: "Embora você não me *reconheça*" (Is 45.3-4). Então, Ciro "reconhece" Deus ou não? Sim e não. Ele *reconhece* Deus no sentido de que identifica a soberania de Deus, mas não *reconhece* Deus no sentido de crer nele para obter salvação. Agora, para que não reste dúvida, haverá muitos entre as nações (ou seja, os gentios) que aceitarão esse Deus de Israel. Esse é um tema importante em Isaías também (44.5; 45.14,20-25; 49.7; 55.5). Isaías, entretanto, nunca afirma que todos, sem exceção, serão salvos.

[9]Podemos incluir passagens como Romanos 5.18-19, Romanos 11.32 e Efésios 1.10.

[10]Thomas Talbott, "Christ Victorious", in: Parry e Partridge, *Universal Salvation?*, p. 25. De maneira similar, Rob Bell escreve: "Ninguém pode resistir à perseguição de Deus para sempre, pois o amor de Deus terminará derretendo até o mais duro dos corações", *Love Wins* [O amor vence], p. 108. Nessa citação, Bell está pensando particularmente em Colossenses 1.

[11]Troquei a ordem das palavras em 15.22-23 em favor da clareza, mas o significado que estou dando aqui fica claro pelo contexto.

[12]Thomas Talbott afirma que Deus destruirá somente a natureza pecaminosa dos descrentes, de acordo com esta passagem ("Christ Victorious", p. 27). Entretanto não há nada no texto real que justifique essa interpretação.

[13]Este é o título do capítulo 4 do livro *Love Wins* [O amor vence], de Bell.

[14]Lemos em 1Tessalonicenses 4.3: "A vontade de Deus é que vocês sejam santificados: abstenham-se da imoralidade sexual". A palavra grega para "vontade" é *thelema*, que é a forma nominal do verbo traduzido "desejar" em 1Timóteo 2.4.

[15]Cf. Erickson, *Christian Theology*, p. 387-388. Naturalmente, pode ser que a vontade soberana de Deus inclua a própria resistência à sua vontade moral. Mas isso é sair um pouco do rumo.

[16]N. T. Wright chama isso de "universalismo bíblico" em seu artigo "Towards a Biblical View of Universalism", *Themelios* 4.2 (1979), p. 54-58.

[17]Thomas Talbott, "A Pauline Interpretation of Divine Judgment", in: Parry e Partridge, *Universal Salvation?*, p. 42. Ver também Eller, *The Most Revealing Book of the Bible*, p. 200-201; Bell, *Love Wins* [O amor vence], p. 114-115.

[18]Como Bell sugere em *Love Wins* [O amor vence], p. 114-115.

[19]Mais especificamente, punição retributiva, não punição corretiva.

[20]A subdeterminação indica que mais de uma hipótese pode ser considerada correta em dada situação, devido à ausência de provas. (N. do T.)

[21]MacDonald, *The Evangelical Universalist,* p. 140.

[22]Bell, *Love Wins* [O amor vence], p. 107.

[23]A parábola não é exclusivamente sobre a vida após a morte, pois "o reino" é uma realidade presente. Contudo, a parábola certamente inclui a vida após a morte, pois o reino se estende ao tempo por vir. Além disso, as palavras de Jesus — "Ali haverá choro e ranger de dentes" (13.28) — juntamente com a exclusão das pessoas (13.28) apontam claramente para o inferno, como acontece em outros trechos de Mateus (cf. 8.12; 22.13; 25.30). Cf. MARSHALL in: PARRY e PARTRIDGE, *Universal Salvation?*, p. 59.

[24]A citação é de Bell, que levanta essa questão em *Love Wins* [O amor vence], p. 108. No contexto, Bell está resumindo a visão que ele considera legítima e tocante, embora não necessariamente diga que ela é correta.

[25]MARSHALL, "The New Testament Does Not Teach Universal Salvation", p. 59.

[26]Ver também Mateus 25.1-12; Hebreus 9.27; Apocalipse 22.11.

CAPÍTULO 2

[1]LEWIS, *The Problem of Pain*, p. 129. [Publicado no Brasil sob o título *O problema do sofrimento*. São Paulo: Editora Vida, 2006.]

[2]AC/DC, "Hell Ain't a Bad Place to Be". *Let There Be Rock* © 1977 Atlantic Records.

[3]BELL, *Love Wins* [O amor vence], p. 81.

[4]Para Rob Bell, o inferno é basicamente os vários infernos na terra; pelo menos é essa a impressão que ele dá em seu livro *Love Wins* [O amor vence]. O inferno é o mal representado por uma criança que é molestada por um membro da família (p. 72). O inferno é a consequência do genocídio de Ruanda

(p. 70-71). Inferno são "as experiências e consequências bastante reais de rejeitar a bondade e a humanidade concedidas por Deus" (p. 73). É importante para Bell que "não tiremos de contexto as advertências bastante reais e prescientes de Jesus sobre julgamento, dizendo que elas se referem a algum dia, em um outro lugar" (p. 81). E a melhor palavra para capturar todo o "terrível mal que vem dos segredos escondidos no fundo de nosso coração até o enorme e abrangente colapso e caos da sociedade que surge quando deixamos de viver no mundo de Deus, do jeito de Deus" é *inferno* (p. 93). Ora, de passagem, Bell de fato menciona que "existe um inferno posterior" juntamente com o inferno agora (p. 79). Quando encara a parábola do homem rico e Lázaro (Lc 16), ele menciona que o homem rico está em "profundo tormento" (p. 77), embora defina esse tormento como "viver com a realidade de não morrer" para o sistema socioeconômico injusto de sua vida anterior. Afora esses dois comentários secundários, praticamente tudo o que Bell diz sobre o inferno se refere aos vários infernos na terra, o mal deste mundo: estupro, vícios, abuso de crianças, pobreza, violência, e assim por diante. Uma visão similar é assumida por PERRIMAN, *The Coming of the Son of Man*, p. 74-97.

[5]Por todo este capítulo, usarei o termo *século 1* de maneira ampla, referindo-me à época de Jesus.

[6]Este capítulo se aprofundará no mundo impetuoso e complicado do judaísmo do segundo templo. Por todo este capítulo, usarei as traduções e datações da literatura judaica proposta por James H. CHARLESWORTH, ed., *The Old Testament Pseudepigrapha*. Para os livros apócrifos, usarei a *New Revised Standard Version*; e para os manuscritos do mar Morto, GARCIA-MARTINEZ e TIGCHELAAR eds., *The Dead Sea Scrolls Study Edition*. Existe

uma quantidade enorme de literatura secundária a respeito da visão judaica do primeiro século sobre o inferno e a vida após a morte. Entre as mais proveitosas, estão a de Duane F. WATSON, "Gehenna", in: FREEDMAN, ed., *The Anchor Bible Dictionary*, 2.296-2.298, e Richard BAUCKHAM, "Early Jewish Visions of Hell", in: *Journal of Theological Studies* 41 (1990), p. 355-385.

[7]4Esdras 7.32-36.

[8]4Esdras 7.38, 80, 82.

[9]1Enoque 22.10-13.

[10]Veja também 1Enoque 27.2-3: "Este vale amaldiçoado é para os que são amaldiçoados para sempre; aqui se reunirão todos (aqueles) amaldiçoados, aqueles que falam com sua boca palavras impróprias contra o Senhor [...]. Aqui serão reunidos e aqui será seu julgamento nos últimos dias" (século 2 a.C.). Sobre o inferno como lugar de retribuição, veja 2Baruc 30.4-5; 54.21.

[11]2Baruc 44.15. Veja também Testamento de Zebulom 10.3.

[12]1Enoque 100.9. Veja também *Liber antiquitatum biblicarum* 23.6: "[O inferno] é um lugar de *fogo* onde as obras daqueles que cometem iniquidade contra [Deus] serão expiados" (século 1 d.C.); 2Enoque 10.2 [J]: "E ali não há luz, e um *fogo negro* arde perpetuamente, com um *rio de fogo* que sai por todo lugar" (século 1 d.C.).

[13]1Enoque 108.3-4. Outro autor usa a imagem de fogo e trevas juntos em 1Enoque 103.5-8. Um autor chega até mesmo a usar a imagem de vermes e fogo juntos, semelhante ao que Jesus e Isaías fizeram (Is 66.24; Mc 9.48): "Ai das nações que se levantarem contra minha raça! O Senhor todo-poderoso as punirá no dia do juízo. Meterá fogo e vermes em suas carnes,

e chorarão de dor eternamente" (Judite 16.17, *A Bíblia de Jerusalém*; século 1 a.C.).

[14]1Enoque 90.26-27. Veja também 2Enoque 40.13.

[15]*Liber antiquitatum biblicarum* 16.3; Sabedoria 4.14-15; Regra da Comunidade 4.11-14; 1Enoque 91.9-14.

[16]2Enoque 10.1,3 [J]. Estou seguindo a datação do primeiro século para 2Enoque como apresentado em Charlesworth, ed., mas outros estudiosos datam essa obra como sendo do século 2 ou 3 d.C. V. referências similares em 1Enoque 53.3; 56.1; 62.11; 63.1, em que as punições parecem *aguardar* o ímpio após o julgamento, em vez de acontecer ainda na terra.

[17]2Enoque 40.13 [J].

[18]1Enoque 63.1-7.

[19]4Macabeus 12.12.

[20]O inferno é descrito como "a medida de fogo, as profundezas do abismo, [...] a abundância de sofrimento contínuo, a verdade do julgamento, [...] a boca do inferno, o lugar da espera da vingança, [...] a imagem da punição que virá" e "os poderes das chamas" (2Baruc 59.5-12). No dia do julgamento, Deus "arrastará Belial [o diabo], e suas hostes também, para a Geena" e então ressuscitará os mortos e "fará que o fogo consuma todos os ímpios, e eles serão como se nunca tivessem sido criados" (Ascensão de Isaías 4.14-18).

[21]Os saduceus, que não acreditavam na vida após a morte, certamente também não acreditavam no inferno.

[22]Embora alguns acreditassem que, após a morte, o ímpio *aguardaria* a punição (como declarado acima), outros criam que o ímpio passaria a sofrer punição severa dessa forma que morresse. Parece que os fariseus criam. Eles diziam que o justo

receberia recompensas e que o ímpio receberia punição logo depois de morrer (*Antiguidades dos judeus* 18.14). Isso também parece estar refletido na parábola de Jesus sobre o rico e Lázaro em Lucas 16.19-31, que Richard Bauckham afirma ser o único lugar do Novo Testamento que menciona a punição imediatamente após a morte ("Early Jewish Visions of Hell", p. 376).

[23]Bell, *Velvet Elvis*, p. 63.

[24]Vale de Hinom, em hebraico, é "géhinóm", termo que, aportuguesado, deu origem a geena. (N.do T.)

[25]Às vezes, Bell de fato diz que o comportamento do ímpio será corrigido no final (cf. *Love Wins* [O amor vence], p. 91-93). Presumo que esteja falando sobre o inferno como um lugar de correção nesses contextos, embora ele não use o termo *inferno.*

[26]Idem, p. 68. Veja também Perriman, *The Coming of the Son of Man*, p. 92: "No século 1, o vale de Hinom (em grego *geenna* ou *gehenna*) [...] havia se tornado o depósito de refugo da cidade, onde chamas baixas ardiam dia e noite".

[27]Em termos linguísticos, Bell confunde o *referente* com o *sentido*. Cf. Carson, *Exegetical Fallacies*, p. 63-64.

[28]Cf. Lloyd R. Bailey, "Gehenna: The Topography of Hell", *Biblical Archaeologist* 49.3 (1986), p. 187-191.

[29]Citado em Bailey, "Gehenna", p. 188. Alguns estudiosos se referem a esse mito, mas não citam provas (cf., por ex., Perriman, *The Coming of the Son of Man*, p. 92-93). R. T. France o menciona, porém tem dúvidas quanto à sua veracidade, citando o artigo de Bailey ("The Gospel of Matthew", *New International Commentary on the New Testament*, p. 202). Outros, como Bailey, desprezam o mito totalmente (cf. Beasley-Murray,

Jesus and the Kingdom of God, p. 376; Peter HEAD, "The Duration of Divine Judgment in the New Testament", in: BROWER e ELLIOTT eds., *Eschatology in Bible and Theology*, p. 223). Vários blogueiros destacaram isso logo após o lançamento de *Love Wins* [O amor vence], (cf. bibleplaces.org; et al.).

[30]Sobre geena, v. FREEDMAN, *The Anchor Bible Dictionary*, 2.296-298. Sobre referências primitivas a geena como lugar de punição para o ímpio, v. 1Enoque 26–27; 54.1-6; 56.1-4; 90.24-27; 4Esdras 7.26-38; Ascensão de Isaías 4.14-18; Oráculos sibilinos 4.179-191.

CAPÍTULO 3

[1]Usarei o termo *eterno*, conforme aparece na NVI, apesar de, tecnicamente, significar tempo transcendente, que não é a melhor tradução do grego *aionios*. Veja a discussão no final deste capítulo e na nota 14, abaixo.

[2]BELL, *Love Wins* [O amor vence], p. 73.

[3]Isso acontecerá num tempo futuro, quando Cristo voltar e todos se colocarem diante dele em julgamento. O justo será ressuscitado (que é o significado de "brilharão como o sol", cf. Dn 12.2), e o ímpio será lançado na "fornalha ardente", uma imagem que retrata o inferno (as duas referências à "fornalha ardente" presentes em Mateus 13 são os únicos momentos em que essa imagem é usada em relação ao inferno no Novo Testamento. Contudo, Apocalipse 9.2 usa uma imagem similar, na qual fumaça sobe de uma grande fornalha [FRANCE, *The Gospel of Matthew*, p. 537]). A expressão *ranger de dentes* é usada com bastante frequência por Jesus (cf. Mt 8.12; 22.13; 24.51; 25.30; Lc 13.28), ainda que não

seja necessário entendê-la literalmente — como se um descrente banguela viesse a ter dentes no dia do julgamento. A expressão provavelmente retrata a dor que o ímpio experimentará no inferno.

[4]Veja, por ex., 1Enoque 108.3-5; 2Enoque 40.12.

[5]No Novo Testamento, o reino tem um aspecto tanto presente quanto futuro. Muitas vezes a ideia de entrar no reino se refere a algo que acontece no presente. Em outros momentos, a ideia se refere a algo que acontecerá após a morte ou depois da segunda vinda de Cristo. Nesta passagem (Mt 8), o que está em questão é o aspecto futuro da entrada no reino.

[6]No contexto de Isaías, o verme não morre enquanto come a carne de corpos sem vida. Não há nada no contexto que diga que a alma dos mortos ainda esteja sendo atormentada. A imagem de vermes se banqueteando de pessoas mortas e não sepultadas enfatiza a vergonha da derrota.

[7]A parábola do rico e Lázaro (Lc 16.19-31) narra que o rico vai para o *hades* (Lc 16.23, VR [IBB]), enquanto Lázaro vai para o "seio de Abraão" (VR, RA). O *hades* desta passagem não deve ser confundido com o inferno. O *hades* é o lugar para onde vai o ímpio para esperar seu julgamento, depois do qual ele será lançado no inferno, seu destino final. Lázaro também está num tipo de estado intermediário no qual aguarda sua ressurreição. É importante notar que o homem rico, que está no *hades*, está "sofrendo muito neste fogo" (16.24) e está plenamente informado disso. Além do mais, Jesus conta que existe um abismo que separa o ímpio do justo, "de forma que os que desejam passar do nosso lado para o seu, ou do seu lado para o nosso, não conseguem" (16.26). Desse modo,

esta passagem afirma que haverá algum tipo de punição e tormento para o ímpio imediatamente após a morte, e não há indicação de que essa situação possa ser revertida. Esse estado intermediário para o ímpio não deve ser confundido com a doutrina católica romana do purgatório, que tem uma função bastante diferente daquilo que vemos em Lucas 16. Portanto, Lucas 16 não se refere à duração do inferno. Ora, é verdade que isso é uma parábola, de modo que não devemos nos ater demais aos detalhes. Jesus usa a parábola nesse contexto de Lucas para confrontar as estruturas sociais de sua época, não para nos ensinar sobre a vida após a morte. Por outro lado, as parábolas transmitem verdades, coisas reais, sobre a vida real, para pessoas reais. E, dado o fato de que pelo menos alguns judeus do século 1 acreditavam que haveria dor e tormento reais no *hades* (não apenas na geena ou "inferno"), Jesus provavelmente também estava presumindo a existência dessa visão aqui. De acordo com Josefo, os fariseus acreditavam que o justo receberia recompensas e que o ímpio receberia punição imediatamente após a morte (*Antiguidades dos judeus* 18.14). Do mesmo modo, 4Esdras 7.78-87 (c. 100 d.C.) diz que haverá punição no estado intermediário (i. e., no *hades*).

[8]Bell, *Love Wins* [O amor vence], p. 91. A citação original de Bell translitera as palavras gregas como *aion* (um substantivo) e *kalazo* (um verbo). O grego, contudo, traz *aionios* (um adjetivo) e *kolasis* (um substantivo). Com o propósito de clareza, mudei as palavras na citação de Bell, de modo a refletir o grego de Mateus. William Barclay, estudioso do Novo Testamento, também afirma que *kolasis* "significava originalmente a poda de árvores com o objetivo de melhorar seu crescimento. Creio que é correto dizer que em toda a literatura grega secular *kolasis*

nunca é usada em outro sentido senão o de punição terapêutica" (*A Spiritual Autobiography*, p. 66). Veja a nota 11.

[9]Bell, *Love Wins* [O amor vence], p. 92-93.

[10]Idem, p. 106-107.

[11]O substantivo é usado em 1João 4.18. Nessa passagem, João escreve que "no amor não há medo; ao contrário o perfeito amor expulsa o medo, porque o medo supõe castigo (*kolasis*)". O contexto aqui é o "dia do juízo" (v. 17), e João faz um contraste entre o amor e o medo. O amor capacita alguém a estar confiante no dia do juízo (v. 17), enquanto o medo instila aquele sentimento perturbador de que se receberá *punição* (*kolasis*) no dia do juízo. O sentido de "correção" não faria sentido. A forma verbal de *kolasis* (*kolazo*) é usada duas vezes no Novo Testamento: Atos 4.21 e 2Pedro 2.9. Ambos os contextos exigem que a palavra seja traduzida por "punição". Sobre seu uso na literatura judaica, v. especialmente Sabedoria 16.1-2, em que o verbo *kolazo* é usado como sinônimo do verbo *basanizo*, que significa tormento. A punição retributiva é claramente o que está em questão. V. tb. Testamento de Rúben 5.5; Testamento de Gade 7.5 (muito embora esses textos tenham sido editados por cristãos). Uma expressão hebraica relacionada é usada por todos os manuscritos do mar Morto também com o sentido de punição (cf. Regra da comunidade 2.15; 5.13; Preceito da guerra 1.5; 9.5-6; Cânticos do Sábio 1.7). Cf. Davies e Allison Jr., "Matthew", p. 3432.

[12]Naturalmente, Jesus teria usado o equivalente aramaico para essa palavra, mas essa é a palavra que Mateus (sob a inspiração do Espírito Santo), usou para traduzir a palavra de Jesus.

[13]Comentários: Morris, "The Gospel According to Matthew", p. 641; Davies e Allison, *Matthew*, p. 3.432; France, *The Gospel of Matthew*, p. 966-967; Hagner, "Matthew 14–28", p. 2.746; Keener, *A Commentary on the Gospel of Matthew*, p. 606; Luz, *Matthew: A Commentary*, p. 282; Osborne, *Matthew: Exegetical Commentary on the New Testament*, p. 938-939; Carson, "Matthew", p. 586-587; Mounce, "Matthew", p. 236-237; Wilkins, "Matthew", p. 812-813. Traduções para o inglês: ESV (*English Standard Version*), TNIV (*Today's New International Version*), NASB (*New American Standard Bible*), HCSB (*Holman Christian Standard Bible*), NKJV (*New King James Version*), NLT (*New Living Translation*), CEB (*Common English Bible*), AMP (*Amplified Bible*), CEV (*Contemporary English Version*), GNT (*Good News Translation*). Traduções em outros idiomas: *Hoffnung für Alle*; *Nueva Traducción Viviente*; *Slovo Zhizny*; *Chinese Union Version (Traditional and Simplified)*. A Bíblia *The Message* traz "perdição eterna", o que é essencialmente a mesma coisa.

[14]A palavra grega *aionios* é um adjetivo, e é usada 70 vezes no Novo Testamento. O substantivo, *aion*, é usado mais de cem vezes no Novo Testamento. O substantivo pode significar várias coisas, como "uma era" ou "era" (Mt 13.39; 28.20; Hb 9.26; 1Co 10.11), "a vida" ou "o mundo" (Mc 4.19), e a "era" infindável por vir, como aparece tão frequentemente no evangelho de João (Jo 4.14; 6.51,58; 8.35,51; 10.28; 11.26; 12.34; 14.16). O adjetivo *aionios* frequentemente significa "eterno", denotando um tempo sem fim. Vemos esse sentido na expressão "vida eterna" (*aionios zoe*) usada tantas vezes no Novo Testamento (Mt 19.16; Lc 10.25; 16.9; Rm 2.7; 5.21; 6.22; 16.25; Gl 6.8; 1Tm 1.16; 6.12,16; 2Tm 2.10; Jd 21).

Essa compreensão de tempo não se refere à noção platônica de tempo infinito, que é inerente ao termo *eternidade*, e sim à duração da era futura — um vibrante conceito judaico de futuro. Uma vez que essa era por vir durará para sempre, o adjetivo *aionios*, quando descreve essa era, costuma denotar a ideia de "eterno" também. V. uma discussão ampla e bastante técnica em Joachim Guhrt, "Time", in: Brown, ed., *New International Dictionary of New Testament Theology*, p. 3.826-3.833; Hermann Sasse, "*aion*, *aionios*", in: Kittel, *Theological Dictionary of the New Testament*, p. 1197-1209. Agradeço ao dr. Simon Gathercole, da University of Cambridge, e ao dr. Scott Hafemann, de St. Andrews, por seus comentários críticos muito úteis sobre as versões iniciais desta discussão sobre *aionios*.

[15]Contra Bell, *Love Wins* [O amor vence], p. 91-92.

[16]A maneira como as palavras gregas são usadas aqui sugere uma punição sem fim. A palavra *aionios* modifica a natureza da punição, não o resultado dela. Essa é uma distinção importante, pois algumas pessoas dizem que são apenas os resultados da punição que nunca terão fim. Em outras palavras, alguns dizem que o ímpio será aniquilado enquanto for punido, e essa aniquilação não terá fim no sentido de que seus resultados não podem ser revertidos. Mas *aionios* modifica *kalasis,* que é um substantivo de ação (a raiz é *kolasis*). Os substantivos gregos que terminam em *–sis* (em vez de em *–ma*) tendem a se concentrar na ação do substantivo, em vez de em seus resultados. Para a meia dúzia de pessoas que ainda está lendo esta nota, examinem 2Tessalonicenses 2.16 em grego para verificar um paralelo, em que *aionios* modifica *paraklesis* ("consolação"), outro substantivo de ação terminado em *–sis*. Mais uma vez, o que está em vista aqui é um ato infindável de consolação.

Capítulo 4

[1]Aqui estão as referências específicas a cada palavra: "morte" ou "morrer"(do grego *apothnesko, thanatos*; Rm 1.32; 5.12,14,15,17,21; 6.16,21,23; 7.5,9,10,11,13; 8.2,6,13; 1Co 15.21,22; 2Co 2.16; 3.6,7; 7.10; Ef 2.1); "perecer", "destruir" ou "destruição" (do grego *apollymi, apoleia, olethros, phthora*; Rm 2.12; 9.22; 14.15,20; 1Co 1.18; 15.18; 2Co 2.15; 4.3; Gl 6.8; Fp 1.28; 3.19; 1Ts 5.3; 2Ts 1.9; 2.10; 1Tm 6.9); "ira" (do grego *orge, thymos*; Rm 1.18; 2.5,8; 3.5; 5.9; 9.22; Ef 2.3; 5.6; Cl 3.6; 1Ts 1.10; 2.16; 5.9); "condenar", "condenação" ou "juízo" (várias palavras gregas com a raiz *krin-*; Rm 2.1,2,3,5,12; 3.7,8; 5.16,18; 8.1; 1Co 11.32; 2Co 3.9; 2Ts 2.12; 1Tm 5.24); "maldição", "amaldiçoado" (do grego *anathema, katara*; Rm 9.3; Gl 1.8,9; 3.10,13; 1Co 12.3; 16.22); "castigar" (do grego *ekdikos, ekdikesis, dike;* 1Ts 4.6; 2Ts 1.8,9). Estas referências foram extraídas de Douglas Moo, "Paul on Hell", in: Morgan e Peterson, eds., *Hell Under Fire*, p. 92-93.

[2]Paulo usa palavras em grego (verbos e substantivos) relacionadas a "misericórdia" em 27 ocasiões, a "perdão" em 7, e ao substantivo "céu" em 21. Essa busca de palavras foi realizada por meio de uma Bíblia digital (de excelente qualidade) chamada Scroll Tag (scrolltag.com).

[3]Paulo faz aqui uma alusão a Isaías 66.14-16, que diz que a ira do Senhor "será contra os seus adversários" (v. 14), que Deus "transformará em fúria a sua ira e em labaredas de fogo, a sua repreensão" (v. 15), e que "com fogo e com a espada o Senhor executará julgamento sobre todos os homens" (v. 16). O resultado é preocupante: "muitos serão os mortos pela mão do Senhor" (v. 16). Por toda essa passagem, Isaías descreve a punição futura a ser aplicada por Deus àqueles que o rejeitam.

Deus optará por dar "um duro tratamento" a quem não "deu ouvidos" à sua oferta de salvação (v. 4).

[4]Nesta passagem, Paulo usa a expressão "destruição eterna". Isso significa que Paulo afirma que os descrentes viverão para sempre num tormento sem fim? Ou ele quis dizer que os descrentes serão aniquilados quando Cristo voltar? Este versículo não é totalmente claro, e qualquer pessoa que achar o contrário carece de uma boa dose de humildade interpretativa. Por um lado, a palavra *destruição* parece falar de aniquilação. Paulo escreve, no entanto, que ela é "eterna", de modo que alguns já disseram que Paulo está pensando numa punição sem fim no inferno. Contudo, como já vimos, a palavra *eterna* (*aionios*) nem sempre significa *sem fim*. Ainda que ela tenha essa conotação aqui, parece fazer mais sentido que esse *sem fim* fale dos resultados ou dos efeitos da destruição, em vez de sua ação continuada. Em outras palavras, não creio que Paulo esteja se referindo aqui a um processo sem fim no qual Deus "destrói mas não destrói completamente" o ímpio no inferno. Pelo menos as palavras de Paulo não transmitem claramente essa ideia. Paulo também não afirma que o ímpio *será* aniquilado e *não sofrerá* punição contínua. Existem provas de que, ao usar expressões como *destruição eterna*, os autores do século 1 estavam, na verdade, se referindo ao ato de punição que nunca acaba. Portanto, embora Paulo faça uma afirmação clara sobre punição, vingança, retribuição e ira, ele não deixa de falar de maneira ambígua sobre a duração dessa ira.

[5]A palavra que Pedro usa para se referir ao inferno é o termo grego *tartarus*. Esse termo é usado na mitologia grega para referir-se ao lugar onde gigantes como Ciclopes e os Titãs eram lançados. *Tartarus* também é usada nos ramos helenistas (ou

gregos) do judaísmo, como visto, por exemplo, na versão da *Septuaginta* de Jó (40.20; 41.24), Provérbios (30.16) e em outros autores judaicos antigos (p. ex., Oráculos Sibilinos 4.186; 1Enoque 20.2; Fílon, *Mos.* 2.433; *Praem.* 152). Você poderá encontrar uma discussão sobre esse assunto em Bauckham, "2 Peter and Jude", p. 249.

[6]Como acontece com Paulo, não creio que Pedro e Judas sejam muito claros em relação à duração do inferno. Por um lado, os dois livros estão repletos de linguagem de destruição, o que por si só sugere aniquilação. Por outro lado, a expressão "o castigo do fogo eterno" (Jd 7,23) poderia se referir a um tormento contínuo, muito embora, como já vimos, não aconteça necessariamente assim. Portanto, mais uma vez, creio que precisamos ser cautelosos em forçar a linguagem a apoiar ou aniquilação ou punição sem fim. Seja qual for o caso, nenhum dos livros dá esperanças de que aqueles que encontrarem a ira de Deus no final terão outras oportunidades, depois disso, de se arrepender e serem salvos.

[7]A identidade da besta e de seus seguidores é bastante discutida. Alguns dizem que a besta se refere a Roma, e que seus seguidores são os que empunham a bandeira romana, por assim dizer. Outros dizem que são os sistemas mundiais e aqueles que os seguiram por todos os tempos. Ainda outros dizem que a besta é algum líder execrável; Hitler, Saddam, bin Laden e até mesmo o papa estão entre os principais candidatos. (Particularmente, creio que essa abordagem é errada.) Para o nosso propósito, não é tão importante chegar a uma conclusão definitiva. Seja qual for a visão, a besta e seus seguidores é uma referência àqueles que não estão do lado de Jesus, seja no primeiro século, seja em todos os séculos, seja nos

dias finais antes de Cristo voltar. O autor fala simplesmente de descrentes nesta passagem. Isso é confirmado por passagens posteriores que se referem a descrentes enfrentando o julgamento futuro de Deus (cf. Ap 20.15; 21.8).

[8]A palavra traduzida por "tormento" (*basanismos*) nunca é usada em Apocalipse ou em qualquer outro ponto da Bíblia para se referir à aniquilação da existência pessoal. Em Apocalipse ela sempre se refere ao sofrimento consciente (cf. Ap 9.5; 11.10; 12.2; 18.7,10,15; 20.10; Beale, "The Book of Revelation", p. 762; contra Fudge, *Fire That Consumes,* p. 304-307).

[9]A expressão "para todo o sempre" é usada 12 vezes em outras partes de Apocalipse, e 11 delas referem-se claramente a algo que nunca termina, como a existência de Deus, "que vive para todo o sempre" (Ap 10.6; 15.7). A ocorrência da expressão em Apocalipse se dá em 1.6,18; 4.9,10; 5.13; 7.12; 10.6; 11.15; 15.7; 19.3; 20.10; 22.5. Veja ocorrências da expressão no Novo Testamento em Gálatas 1.5; Efésios 3.21; Filipenses 4.20; 1Timóteo 1.17; 2Timóteo 4.18; Hebreus 13.21; 1Pedro 4.11; veja Aune, "Revelation 6–16", p. 836. A natureza infindável da punição é também apoiada pela expressão "não há descanso, dia e noite". Portanto, embora a expressão "para todo o sempre" em si *possa* ser uma referência à intensidade da punição, não à sua duração (cf. Ap 19.3, em que ela talvez se refira à intensidade), seu uso dominante em Apocalipse e no contexto de 14.9-11 apoia a ideia de uma punição sem fim. Além do mais, a passagem paralela de 20.10-15 se refere a uma punição sem fim e usa termos similares ao fazê-lo. Como veremos, esta última passagem diz que o diabo e o falso profeta serão lançados "no lago de fogo que arde com enxofre", onde serão "atormentados dia e noite, para todo o sempre" (Ap 20.10). E esse é o

mesmo lugar para onde irão todos os ímpios (Ap 20.15). Ambas as passagens — Apocalipse 14 e 20 — trazem as expressões "tormento", "noite e dia" e "para todo o sempre", o que sugere que estão falando da mesma punição contínua.

Capítulo 5

[1]Cf. Rodney Woo, *The Color of Church*; Emerson e Smith, *Divide by Faith.*

[2]Entre os muitos livros sobre Jesus e a pobreza, veja Sider, *Rich Christians in an Age of Hunger.*

[3]Neste contexto, Jesus está falando sobre cristãos pobres, não sobre qualquer pessoa pobre. Isso fica claro pela descrição que Jesus faz do pobre como sendo "algum dos meus menores irmãos" (25.40). No livro de Mateus, o termo *irmão* é usado para descrever os irmãos literais de Jesus ou seus seguidores (Mt 12.46-50). Nunca é uma descrição geral de todas as pessoas. Isso, todavia, não alivia a pressão sobre a igreja. Muitos, se não a maioria, entre os 2 bilhões de pessoas que vivem com menos de 2 dólares por dia, são cristãos confessos.

Capítulo 6

[1]James Dunn, por exemplo, diz que a declaração de Paulo em Romanos 9.22 resume-se à pergunta "você acha que a criatura sabe mais que o Criador?". Dunn interpreta Romanos 9.22-23 da mesma maneira que eu, ou seja, como sugerindo uma possibilidade legítima, sem, contudo, oferecer uma resposta dogmática (cf. "Romans", p. 566).

[2]Cf. Ez 4, 16, 23 e 24.

[3]Cf. Jó 7.5; 13.28; 30.30,18. O fato de os amigos de Jó mal o reconhecerem (2.12) sugere que seu corpo estava deformado. A palavra hebraica em 2.7 normalmente traduzida por "feridas" (NVI) "tumores" (RA) ou "chagas" (RC) pode se referir à doença que hoje conhecemos como elefantíase.

[4]Cf. Lm 2.11,20-21; 4.10; 5.11-12.

[5]Veja, por ex., 5.21-22, em que ele parece questionar se Deus vai ou não manter-se fiel às suas promessas (cf. Lm 2.10-21).

[6]Marshall Shelley, "Two Minutes to Eternity", in: *Christianity Today* 38 (1994): 25-27. Ouvi essa história pela primeira vez num sermão de John Piper, cerca de dez anos atrás.

BIBLIOGRAFIA

AUNE, David. "Revelation 6–16". *Word Bible Commentary 52B*. Nashville: Thomas Nelson, 1998.

BAILEY, Lloyd R. "Gehenna: The Topography of Hell". *Biblical Archaeologist* 49, n.º 3, 1986.

BARCLAY, William. *A Spiritual Autobiography.* Grand Rapids: Eerdmans, 1977.

BAUCKHAM, Richard. "Early Jewish Visions of Hell". *Journal of Theological Studies* 41, 1990.

_____________. "Universalism – A Historical Survey". *Themelios* 4, n.º 2, 1979.

_____________. "2 Peter and Jude". *Word Bible Commentary 50*. Waco: Word, 1983.

BEALE, G. K. "The Book of Revelation: A Commentary on the Greek Text" *New International Greek Testament Commentary.* Grand Rapids: Eerdmans, 1998.

BEASLEY-MURRAY, G. R. *Jesus and the Kingdom of God.* Grand Rapids: Eerdmans, 1986.

BELL, Rob. *Love Wins.* New York: HarperOne, 2011. [Publicado no Brasil como *O amor vence: um livro sobre o céu, o inferno e o destino de todas as pessoas que já passaram pela terra.* Rio de Janeiro: Sextante, 2012.]

______________. *Velvet Elvis: Repainting the Christian Faith.* Grand Rapids: Zondervan, 2005. [Publicado no Brasil como *Repintando a Igreja: uma visão contemporânea.* São Paulo: Vida, 2008.]

BROWER, Kent e ELLIOTT, Mark, eds. *Eschatology in Bible and Theology.* Downers Grove: Inter-Varsity Press, 1997.

BROWN, Colin, ed. *New International Dictionary of New Testament Theology.* Grand Rapids: Zondervan, 1986.

CARSON, D. A. *Exegetical Fallacies.* 2ª ed. Grand Rapids: Baker, 1996.

______________. "Matthew". *The Expositor's Bible Commentary.* Grand Rapids: Zondervan, 2010.

CHARLESWORTH, James H., ed. *The Old Testament Pseudepigrapha.* 2 vols. New York: Doubleday, 1983-1985.

DAVIES, W. D. e ALLISON JR., Dale C. "Matthew". *The International Critical Commentary.* Vol. 3. Edinburgh: T & T Clark, 2004.

DUNN, James. "Romans". *Word Bible Commentary 38B.* Waco: Word, 1988.

ELLER, Vernard. *The Most Revealing Book of the Bible: Making Sense Out of Revelation.* Grand Rapids: Eerdmans, 1974.

EMERSON, Michael e SMITH, Christian. *Divide by Faith: Evangelical Religion and the Problem of Race in America.* Oxford: Oxford University Press, 2001.

ERICKSON, Millard. *Christian Theology.* 2ª ed. Grand Rapids: Baker, 1998.

France, R. T. "The Gospel of Matthew". *New International Commentary on the New Testament*. Grand Rapids: Eerdmans, 2007.

Freedman, David Noel, ed. *The Anchor Bible Dictionary*. New York: Doubleday, 1992.

Fudge, Edward. *Fire That Consumes: A Biblical Case for Conditional Immortality*. 2ª ed., rev. Peter Cousins. Carlisle: Paternoster, 1994.

Garcia-Martinez, Florentino e Tigchelaar, Eibert, eds. *The Dead Sea Scrolls Study Edition*. 2 vols. Leiden: Brill, 1997.

Greggs, Tom. "Exclusivist or Universalist? Origen the 'Wise Steward of the Word' (*CommRom*. V.1.7) and the Issue of Genre". *International Journal of Systematic Theology* 9, n.º 3, 2007.

Guhrt, Joachim. "Time". In: Brown, Colin, ed., *New International Dictionary of New Testament Theology*. Vol. 3. Grand Rapids: Zondervan, 1986.

Hagner, D. A. "Matthew 14–28" *Word Biblical Commentary 33b*. Vol. 2. Nashville: Thomas Nelson, 1995.

Head, Peter. "The Duration of Divine Judgment in the New Testament". In: Brower, Kent e Elliott, Mark, *Eschatology in Bible and Theology*. Downers Grove: InterVarsity Press, 1997.

Keener, Craig. *A Commentary on the Gospel of Matthew*. Grand Rapids: Eerdmans, 1999.

Kittel, Gerhard, ed. *Theological Dictionary of the New Testament*. Grand Rapids: Eerdmans, 1985.

Lewis, C. S. *The Problem of Pain*. San Francisco: HarperOne, 1940. [Publicado no Brasil sob o título *O problema do sofrimento*. São Paulo: Editora Vida, 2006.]

Ludlow, Morwenna. "Universalism in the History of Christianity". In: Parry, Robin A. e Partridge, Christopher H. eds. *Universal Salvation? The Current Debate*. Grand Rapids: Eerdmans, 2003.

Luz, Ulrich. *Matthew: A Commentary*. Trad. W. C. Linss. Minneapolis: Augsburg Fortress Press, 2005.

MacDonald, Gregory. *The Evangelical Universalist*. Eugene: Cascade Books, 2006.

Marshall, Howard. "The New Testament Does Not Teach Universal Salvation". In: Parry, Robin A. e Partridge, Christopher H. eds. Em *Universal Salvation? The Current Debate*. Grand Rapids: Eerdmans, 2003.

Moo, Douglas. "Paul on Hell". In: Morgan, Christopher W. e Perterson, Robert A., eds. *Hell Under Fire: Modern Scholarship Reinvents Eternal Punishment*. Grand Rapids: Zondervan, 2004.

Morgan, Christopher W. e Peterson, Robert A. eds. *Hell Under Fire: Modern Scholarship Reinvents Eternal Punishment*. Grand Rapids: Zondervan, 2004.

Morris, Leon. "The Gospel According to Matthew" *Piller New Testament Commentary*. Grand Rapids: Eerdmans, 1992.

Mounce, Robert. "Matthew". *New International Biblical Commentary*. Peabody: Hendrickson, 1991.

OSBORNE, Grant. *Matthew: Exegetical Commentary on the New Testament*. Grand Rapids: Zondervan, 2010.

PARRY, Robin A. e PARTRIDGE, Christopher H., eds. *Universal Salvation? The Current Debate*. Grand Rapids: Eerdmans, 2003.

PERRIMAN, Andrew. *The Coming of the Son of Man: New Testament Eschatology for an Emerging Church*. Milton Keynes: Paternoster, 2005.

SASSE, Hermann. "*aion, aionios*". In: KITTEL, Gerhard, ed., *Theological Dictionary of the New Testament*. Vol. 1. Grand Rapids: Eerdmans, 1985.

SCOTT, Mark S. M. "Guarding the Mysteries of Salvation: The Pastoral Pedagogy of Origen's Universalism". *Journal of Early Christian Studies* 18, n.º 3, 2010.

SIDER, Ron. *Rich Christians in an Age of Hunger*. Nashville: Thomas Nelson, 1997.

TALBOTT, Thomas. "A Pauline Interpretation of Divine Judgment". In: PARRY, Robin A. e PARTRIDGE, Christopher H., eds., *Universal Salvation? The Current Debate*. Grand Rapids: Eerdmans, 2003.

______________. "Christ Victorious". In: PARRY, Robin A. e PARTRIDGE, Christopher H., eds., *Universal Salvation? The Current Debate*. Grand Rapids: Eerdmans, 2003.

______________. *The Inescapable Love of God*. Boca Raton: Universal Publishers, 1999.

WATSON, Duane F. "Gehenna". In: FREEDMAN, David Noel, ed., *The Anchor Bible Dictionary*, Vol. 2. New York: Doubleday, 1992.

WILKINS, Michael. "Matthew". *The NIV Application Commentary*. Grand Rapids: Zondervan, 2004.

WOO, Rodney. *The Color of Church: Biblical and Practical Paradigm for Multicultural Churches*. Nashville: B & H Publishers, 2009.

WRIGHT, N. T. "Towards a Biblical View of Universalism". *Themelios* 4, n.º 2, 1979.

Conheça outras obras do autor

Francis Chan

- Louco amor
- O Deus esquecido

Compartilhe suas impressões de leitura escrevendo para:
opiniao-do-leitor@mundocristao.com.br
Acesse nosso *site*: www.mundocristao.com.br

Diagramação: Sonia Peticov
Preparação: Daila Fanny
Revisão: Josemar de Souza Pinto
Gráfica: Meta Brasil
Fonte: Adobe Garamond Pro
Papel: Polén Natural 80 g/m²